潮ワイド文庫――009

『民衆こそ王者』に学ぶ　迫害と人生

潮出版社

本書は、単行本『民衆こそ王者――池田大作とその時代』から抜粋し、再構成したものです。第一章では「言論問題」、第二章から第六章では「第一次宗門事件」と、池田大作ＳＧＩ（創価学会インタナショナル）会長と創価学会へ向けられた様々な攻撃からの反転攻勢の歴史が綴られています。第七章では、折々の同志への励ましや講演から、池田ＳＧＩ会長の「迫害と人生」をめぐる考察に迫っています。

編集部

『民衆こそ王者』に学ぶ

迫害と人生

◆

目次

装丁＝金田一亜弥、高畠なつみ
カバー写真＝横浜港の大桟橋で四国の同志を見送る池田大作（一九八〇年五月）
©聖教新聞社
本文ＤＴＰ＝standoff

第一章

「言論問題」の暴《ぼう》風《ふう》を越えて

「ほんとに二十代はムリはきくし、一日一日が貴重《きちよう》だったわ。だから、創価学会が若い人にいちばん力《ちから》を入れていらっしゃるのも、よくわかります」

三十五歳の有吉佐和子《ありよしさわこ》が、はきはきした口調《くちよう》で池田大作に話しかける。月刊誌「主婦の友」の、対談企画《たいだんきかく》の一コマだ（一九六六年七月号）。

この時、池田は三十八歳。

「民衆ほど強いものはありません。ですから、民衆の声を聞くべきなのです」と、池田は言う。

小説『人間革命』の連載を始めて一年半が経《た》っていた。〝先輩作家〟有吉を前に「だんだんわかってきました。作家というものが、いかにたいへんかということが（笑）」とも語っている。

◇

〈思い込《こ》んだら一直線《いっちょくせん》。わき目もふらずに、駆《か》け出していく。それが有吉佐和子さんの美しさだった〉と池田は振り返る。

この対談でも、有吉は「いまの日本にある既成政党《きせいせいとう》というのは、どうも外国の息がかかっていて、どことなく植民地的《しょくみんちてき》な情けなさを感じちゃう」と手厳《てきび》しい。結党二年の公明党についてては「ハッキリいってまだ、りっぱだというところまでゆかない」が、「育てていったほうがいい」。

「書けばベストセラー」といわれた有吉。重い社会問題にも着目《ちゃくもく》し、「環境問題」を告発した『複合汚染《ふくごうおせん》』では公明党の取り組みを高く評価。『恍惚《こうこつ》の人』では「老い」を取り上げた。

故郷・和歌山の名家《めいか》を舞台にした『紀ノ川《きのかわ》』も名高い。

別の機会に有吉は、創価学会について次のように論《ろん》じている。

「断面《だんめん》を切り取って、悪口を書くのは簡単《かんたん》です。感情論や、自分の立場からの批判も、だれにでもできます。しかし、事実として、若い人たちが生き生きとして集まっている。わがまま放題《ほうだい》の今の社会なのに、なぜ、こんなに大勢の青年が、新しい価値観を求めて集まるのか？　その本質を知りたいのです。これは文学者として、人間として、追求せねばならないことです」

◇

四十歳前の池田に対して、「やっと、会長としておかしくない年齢におなりになった。もうあと、五十年はおつとめにならなければ（笑）」と天真爛漫《てんしんらんまん》に語った有吉。自身は、生き急ぐように五十三年の生涯《しょうがい》を終えた。奔放《ほんぽう》な行動力で、日中友好に果《は》たした役割も大きい。

作家の関川夏央《なつお》は、彼女の一生を〝サーモスタット（＝温度を調整する装置）のない人生〟という巧《たく》みな比喩《ひゆ》で表現している。

その有吉が、八度にわたって対話を重ねた池田もまた、戸田城聖《じょうせい》（創価学会第二代会長）の弟子として、サーモスタットのない激動《げきどう》の日々を過ごしてきた。

「どうしても明日、和歌山へ」

「なあに、八度五分ぐらいだよ」

そう言って笑った池田の顔が、赤く火照《ほて》っている。

一九六九年（昭和四十四年）十二月二十日夜。旧・関西文化会館（現・関西白百合青春会館）。

この日、池田は東大阪市立中央体育館での関西幹部会に出席。会長として講演し、一万人の同志を前に、扇《おうぎ》をかざして学会歌の指揮を執《と》った。

翌日、何度も訪問要請《ほうもんようせい》のあった和歌山へ向かう予定である。

しかし、風邪《かぜ》をこじらせた。咳《せき》もひどい。急遽《きゅうきょ》駆《か》けつけた医師は、急性気管支肺《きゅうせいきかんしはい》炎《えん》と診断《しんだん》。体温計《たいおんけい》は四十度五分を指した。言うまでもなく、絶対安静《ぜったいあんせい》にしなければならない。

池田は、医師に問《と》うた。

「明日、和歌山へ、どうしても行きたいんだ。皆が、僕を待ってくれている」「大丈夫だね」

処置《しょち》を終えた医師。「今晩は、絶対に動かないでください」と頼んだ。

◇

この時に限らず、池田の行動は過密《かみつ》を極めていた。一例として、関西入り直前までの記録から、会合出席と会館訪問に限って列挙《れっきょ》してみる。

八日　世田谷・目黒の幹部会（東京体育館）。
九日　杉並・渋谷・中野の幹部会（東京体育館）。
十日　新宿・千代田・港の幹部会（日本武道館）。
十一日　江戸川・葛飾・足立の幹部会（台東体育館）。

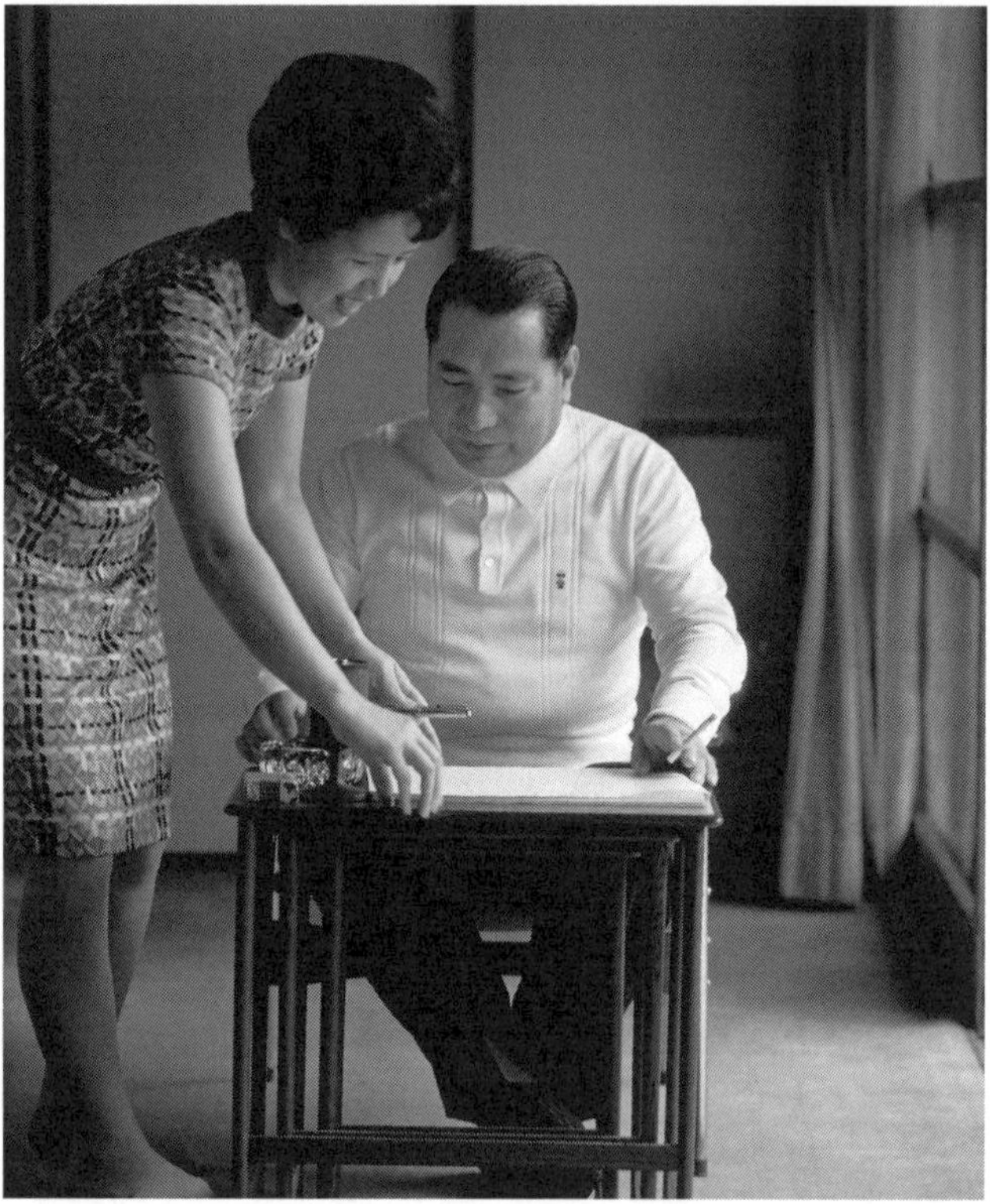

自宅でも原稿に向かう池田を、妻の香峯子が支える（1973年4月、東京・信濃町） ©Seikyo Shimbun

十二日　日本橋会館訪問。文京・中央・台東の幹部会（台東体育館）。

十三日　埼玉第一・第二・第三総合本部の指導会（旧・大宮市の埼玉本部）。

十四日　広布勤行会（品川第六本部）。神奈川県幹部会（横浜文化体育館)。
十六日　静岡県の清水会館、静岡会館、専行寺、焼津会館を訪問。静岡総合本部の指導会(静岡本部)。
十七日　小田原本部の指導会(小田原第一会館)。富士総合本部の指導会(沼津会館)。
十八日　鷹の台会館(東京・小平市)を視察。創価学園を訪問。寮生、下宿生との懇談会。

連日連夜、老若男女を問わず、数百人から数千人を相手に語る。その前後に、少人数の懇談、一対一の励《はげ》ましを何度となく繰《く》り返す。さらに原稿の執筆、個々人《ここじん》への手紙、通常の執務《しつむ》などが絶《た》え間《ま》なく重なる。池田は関西に向かう直前まで、全国の友への書物に、激励《げきれい》の言葉を記《しる》した。その数が三〇〇冊を超える日もあった。こうした会長としての日常が、十年近く続いていた。

「会員あっての学会だ」

この年(一九六九年)の夏、池田は十万人が参加した夏季講習会に全力を注《そそ》いだ。

その疲れも重なり、秋ごろから体調がすぐれなかった。「絶対安静」――和歌山訪問を前に、妻の香峯子《かねこ》も急いで駆《か》けつけ、看病《かんびょう》した。以降、池田の地方指導には同行《どうこう》するように。母として三人の息子を育てながら、国内外を駆ける夫を支える大変さは、想像に難《かた》くない。

十二月二十一日昼。熱は三十七度八分まで下がった。しかし、体力の消耗《しょうもう》が甚《はなは》だしい。森田一哉ら同行の幹部は、「和歌山行きをやめ、休養をとってください」と強く願い出た。

池田は、怒気《どき》すら含《ふく》んだ声で答えている。「戸田先生も、命がけで戦われた」「途中《とちゅう》で倒れるなら本望《ほんもう》じゃないか」「とにかく行く。会長は、私しかいないんだ」。

池田を乗せた急行「きのくに9号」は、午後三時に天王寺《てんのうじ》駅を発車した。

◇

〈私は、妻と二人きりになった時に言った。

「どうしても和歌山に行ってあげたい。途中で倒れれば本望だ」

暗々《あんあん》のうちに二人で納得し合った。行くことが決まったのだ。

忘れもしない、わが師の逝去《せいきょ》直前の昭和三十三年三月十六日――。「広宣流布の記念式典」は、時の首相を迎えて挙行《きょこう》されるはずであった。

実は、その式典に水を差し、首相の出席をやめさせたとされる一人が和歌山におり、いまだに学会の悪口雑言《あっこうぞうごん》を言い放っていた。

善良な和歌山の同志は、どんなにか苦しい思いをしているであろうか。

私は、和歌山に行き、学会の正義を、厳然と訴えておきたいと、固く心に決め、長い間、誓い続けていたのである。

だが、熱のために、私の体はフラフラしていた〉（池田のエッセー、二〇〇三年四月二十三日付「聖教新聞」）

午後五時過ぎに始まった和歌山県幹部会（和歌山県立体育館）。一時間の会合だった。県下一円《いちえん》から集《つど》った一万人を前にしての会長講演。その冒頭、池田は合計十六回もシュプレヒコールを繰り返した。そして、こう訴《うった》えた。

「現代の権力者は、民衆を、庶民を、我々を、下賤《げせん》の者としてバカにしているんです。それと戦って勝たなくちゃならない」

「仏法は民衆こそ王様である。庶民こそ王様なんだ。これを忘れちゃいけない。庶民が王様になって、権力者が下僕《げぼく》になっていく。これが本当の仏法の思想であります。民衆を王とする未曾有《みぞう》の革命である以上、そこに多少の波が立つのは当たり前である。民衆を王とする〝革命の革命〟、未曾有の革命である。この革命にのっとっての栄《は》えある戦いが、私どもの戦いである。皆さん、戦おう！」

その体を案《あん》じ、「はやくやめてほしい」と願っていた医師たちが、思わず聴《き》き入《い》ってしまうほどの気迫《きはく》で、二十四分間を語りきった。幹部たちの指揮による学会歌も終わった。しかし、拍手が鳴《な》りやまない。

その時――。

「先生、学会歌の指揮を執ってください！」。会場の後方から声が響《ひび》いた。わーっと歓声が増《ま》す。

壇上の池田。激しく咳《せ》き込《こ》んでいる。咳がおさまると、扇子《せんす》を手に立ち上がった。

看護《かんご》学生だった橘《たちばな》嘉子。舞《ま》うように堂々と「武田節《たけだぶし》」の指揮を執る池田の姿を目にして、「涙で歌えなかった」と回想する。

◇

「いつまでもお元気で！」と手を掲《かか》げる池田。「そんなにひどい病状だったのか」――参加者の大多数《だいたすう》は、何日か経った後に池田の体調を知った。「昭和四十四年を忘れるな」。これが和歌山の同志の合言葉《あいことば》となった。今、十二月二十一日は「和歌山の日」と定《さだ》められている。

「学会員あっての学会だ」――この池田の姿勢が、行く先々で大きな波を起こしてい

同志の要請に応え、高熱を押して学会歌の指揮を執る池田（1969年12月、和歌山県立体育館）。この時の様子は小説『新・人間革命』第14巻「烈風」の章にも描かれている　©Seikyo Shimbun

った。

気の休まらない多忙の日々。体調不良に悩《なや》みながらも、池田が続けようとした連載《れんさい》があった。

小説『人間革命』である。

原稿を口述《こうじゅつ》しテープに吹《ふ》き込《こ》む

原田稔（現・会長）は、オープンリール式テープレコーダーが、池田の執務室に運び込まれた時のことを覚えている。

「あの和歌山指導の前後でした。大きな、重い機械《きかい》でした」

しばしばアイスノン（冷却枕）を額《ひたい》に巻き、執筆を続ける池田だったが、疲労《ひろう》のため腕《うで》が上がらず、草稿《そうこう》をまとめる万年筆《まんねんひつ》すら重くて持てない、という日も続いた。

しかし、腕が動かなくても、口《くち》は動かすことができる――録音《ろくおん》の準備がされた。カセットテープは、まだ普及していない。

当時使われたスコッチ社製のオープンリールテープには、病魔《びょうま》と闘いながら、恩師・戸田城聖の歴史を小説に残そうとする、四十二歳の池田の肉声《にくせい》が録音されている。

「……戸田は、直《ただ》ちに事態収拾《じたいしゅうしゅう》の手を打たなければならなかった。詳細《しょうさい》な報告を、一人ひとりから受けながら、彼は、そのたびに『よし！』と、強くいいながら、皆に指示を与えていった……」

テープの題名は「七百年祭《ななひゃくねんさい》」。『人間革命』第六巻の冒頭《ぼうとう》の章である。

同章は一九七〇年（昭和四十五年）二月九日付から、四月六日付まで連載された。

◇

原稿を吹《ふ》き込《こ》んだテープ――時折《ときおり》、咳き込む声が響く。

「正義のために、なさねばならなかった、その行為に……」

不意《ふい》に、声が途絶《とだ》える。沈黙《ちんもく》が、七秒ほど続く。雑音に混《ま》じって、荒い呼吸音《こきゅうおん》が聞こえる。「時ならぬ拍手が、ひろがり渡った……」。再び、八秒ほどの沈黙が流れる。

「同じ……創価学会員であることを、その誇りを、誰人も……（四秒沈黙）、味わいつつある……ことを表現した、といえよう……」

これは、四月二日付に掲載された「七百年祭（その2）二十六」の口述《こうじゅつ》である。一言、また一言と声を絞《しぼ》り出す様子がテープに記録されている。途中で、水を飲む音。ふう、ふう、と息をつく音も断続的《だんぞくてき》に聞こえる。

こうした口述をもとにつくられた原稿に、推敲《すいこう》を加えていった。

池田がテープに吹《ふ》き込《こ》んででも執筆を続けていたころ、創価学会は大きな試練《しれん》にさらされるようになる。いわゆる「言論問題」である。

「認識せずして評価するなかれ」

日本経済新聞に連載された『私の履歴書《りれきしよ》』(『池田大作全集』二十二巻に収録)に、この前後の経緯《けいい》が詳《くわ》しく綴《つづ》られている。

〈四十五年(一九七〇年)には、いわゆる言論問題が起きた。

じつは、その前年の暮《く》れ、かなり強行スケジュールの旅をし、無理をしたこともあり、私は四十度を超える熱を出し、従来の結核《けっかく》と肺炎《はいえん》が結びついたかたちで、体力を衰滅《すいめつ》させてしまっていた。

その以前から、なるべく創価学会の運営面《うんえいめん》については、副会長制を敷《し》いていっさいを任せ、私は、執筆活動などに打ち込みたいと念願していた。四十五年一月、この件を総務会にはかり、副会長制が実施《じっし》されることになったわけである。

私が一歩引いたときに、きわめて予想外のところから事件が起きていた。それが言論問題である〉

◇

一九六九年（昭和四十四年）十一月、『創価学会を斬《き》る』と題した本が店頭に並ぶ。著者は毒舌《どくぜつ》を売り物にし、かねてから学会を中傷《ちゅうしょう》してきた政治評論家の藤原弘達である。

藤原は、創価学会員を〈狂信者の群れ〉などと揶揄《やゆ》し、現代の基準ではヘイトスピーチ（憎悪《ぞうお》の言論）に当たる誹謗《ひぼう》中傷を重ねた。

二〇一九年（令和元年）、内閣調査室《ないかくちょうさしつ》の幹部だった志垣民郎《しがきみんろう》の回想録が公《おおやけ》になり、藤原が内調と密接な関係を持っていたことが明らかになった（志垣民郎著、岸俊光編『内閣調査室秘録――戦後思想を動かした男』文春新書）。

藤原が内調から受けた飲食の接待は、一九六〇年＝六回、六一年＝四回、六二年＝十三回、六三年＝十一回、六四年＝九回、六五年＝十二回、六六年＝四回、六七年＝六回、六八年＝九回、六九年＝六回、七〇年＝五回、七一年＝五回、七二年＝二回、七三年＝四回、七四年＝六回、七五年＝二回、七八年＝一回、七九年＝一回。接待の場は高級料亭やキャバレーで、支払いはもちろん内調である。

作家の佐藤優は〈これだけの接待を日常的に受けていることから、内調から藤原に金銭の流れもあったと考えるのが自然だ〉〈藤原が中立的な評論家ではなく、政府の意向を体現する工作に組み込まれた有識者であったことは、言論問題を考察する際に無視できない要因だ〉と指摘する(『池田大作研究　世界宗教への道を追う』朝日新聞出版)。

「認識せずして評価するなかれ」とは、学会の初代会長・牧口常三郎《つねさぶろう》の持論だった。十分な「認識」のないまま、事実を歪曲《わいきょく》した一方的な「評価」を書き散らされては、学会員を惑《まど》わせるばかりか、社会を混乱させる。

六九年夏、学会批判の同書の予告記事が出ると、学会の総務と公明党都議会議員が著者を訪ねることにした。この年は衆院選が行《おこな》われることが年頭からささやかれており、出版自体が選挙妨害《ぼうがい》となる可能性もある。学会に関する本を出すなら、きちんと取材をすべきであり、そのために資料も提供する、総本山も案内する——それが一貫《いっかん》した要請《ようせい》だった。

藤原は、それらの動きを〝言論・出版の自由を妨害された〟とマスコミで吹聴《ふいちょう》し始めたのである。

過熱報道《かねつほうどう》の濁流《だくりゅう》

学会攻撃、公明党攻撃の報道・出版が巷《ちまた》に氾濫《はんらん》するようになる。

共産党は党を挙げて公明党を攻撃し、民社党の塚本三郎（衆議院議員）は、「言論の自由を守るため」との大義名分《たいぎめいぶん》を掲げ、公明党創立者である池田の証人喚問《しょうにんかんもん》を要求（一九七〇年＝昭和四十五年二月二十八日）。さらに〝学会員には精神異常者《せいしんいじょうしゃ》が多い〟〝宗教は犯罪につながる〟といった趣旨《しゅし》の、極めて偏《かたよ》った発言を予算委員会で繰り返し、それらをまたマスコミが増幅《ぞうふく》させた。

一度堰《せき》を切ってしまった過熱《かねつ》報道の濁流《だくりゅう》は、とどまるところを知らない。テレビ、ラジオ、新聞、週刊誌、電車の中吊《なかづ》り広告……当時の各種メディアの攻撃ぶりがどれほど異様《いよう》だったかは、第三者の目にも明らかだった。

〝袋叩《ふくろだた》き〟といってよい状況に、『天平《てんぴょう》の甍《いらか》』『敦煌《とんこう》』などで知られる作家の井上靖は、「火がつけば、付和雷同《ふわらいどう》しやすい。それがマスコミの欠点です」と抗議《こうぎ》の声をあげた。井上が理事長を務《つと》めていた「日本文芸家協会」でも、学会への抗議声明を出すべきだという意見があったという。

だが井上は冷静だった。〝協会として特定の人々を排斥《はいせき》するような声明など、私が理事長をしている限り、出すつもりはない〟と明言している。

なぜ、この問題が起きたのか――。学会に反感をもった一人の著者による単なるネガティブキャンペーンではないことに、賢明《けんめい》な読者は気づくだろう。

疑問を解くカギは、同書の出された時期。それと政界《せいかい》の反応である。

前例のない民衆勢力《せいりょく》の誕生

一九六七年（昭和四十二年）、衆議院《しゅうぎいん》に進出した公明党は、一気に二十五議席を獲《かく》得《とく》した。

既成の政治的イデオロギーに拠《よ》らず、特定の階層《かいそう》の利害《りがい》にも左右されない、前例のない民衆勢力《せいりょく》である。それは、戦後日本史を画《かく》する出来事だったともいえる。

しかも、仏法思想を基盤《きばん》にしている。公明党は国内政治の常識を破り、「保守《ほしゅ》」対「革新《かくしん》」という従来《じゅうらい》の枠組《わくぐ》みを超えた存在として映《うつ》った。

先に触《ふ》れた、有吉佐和子との対談で池田は、仏法の中道《ちゅうどう》主義をめぐり、「右からは左といわれ、左からは右といわれて、いつも私は損《そん》をします（笑）」と述べている。

人は自分に理解できない存在を、自分の〝常識〟の枠内《わくない》にはめこみ、安心したがるものだ。公明党が衆議院に進出すると、批判的な勢力による、虚実《きょじつ》の混《ま》ざった学会批判本が相次《あいつ》いで売り出された。

『創価学会を斬る』もその一冊だった。とりわけ、同書は一九六九年（昭和四十四年）十二月に行われる第三十二回衆院選の直前に出版される形になった。学会と公明党へのダメージは避《さ》けられない。

◇

にもかかわらず、公明党は七十六人を擁立《ようりつ》し、四十七人が勝利。社会党に次ぐ野党第二党に躍《おど》り出た。年が明けると、野党各党による一斉攻撃《いっせいこうげき》が始まったことは先述《せんじゅつ》した通りである。

「高潔《こうけつ》な人を政界に」と、手弁当《てべんとう》で支援した学会員は、その異常《いじょう》な言論の暴風に怒り、悔《くや》し涙を流した。

のちに池田は、田原総一朗のインタビューに応じた際、当時の心境を振り返って「同じ石に二度躓《つまず》くは、愚《おろ》かなり」との先人《せんじん》の言葉を引用した。さらに、「われわれが命をかけて信奉《しんぽう》するものを侮辱《ぶじょく》された、熱心に真面目《まじめ》にやっている庶民が愚弄《ぐろう》された、そういう仕打ちにあえば、怒りたくなるのは当然でしょう」（『「戦後五十年の生き証人」が語る』中央公論社）と、その真情を吐露《とろ》している。

マスコミによる学会攻撃。政党による学会・公明党への攻撃。これらは一体、何を意味するのか。

その構図《こうず》を、はるかベルリンの地から見抜いた一人の碩学《せきがく》がいた。

ベルリンから届いた論文

〝言論問題の嵐〟が吹き荒れた一九七〇年（昭和四十五年）。一閃《いっせん》、矢のような論文が月刊誌「潮」編集部のもとに届いた。加藤周一が書いた「丁丑公論私記《ていちゅうこうろんしき》」である（「潮」一九七〇年八月号に掲載。『加藤周一自選集4』岩波書店に収録）。

加藤は同論文で、各界から公明党に浴びせられた攻撃に対し、正面から反論した。論壇《ろんだん》は驚《おどろ》き、「この一文が（言論問題の）論議の気流《きりゅう》を変えるに至《いた》った」とも言われる。

◇

『日本文学史序説』をはじめ、「彼の仕事のすべてが、戦後日本を映し出す鏡」（大岡昇平）と評《ひょう》される加藤。二〇〇〇年（平成十二年）には日米独仏中韓の六カ国出身の

評論家・加藤周一とニューヨークで会見する池田。加藤は当時、米エール大学の客員教授。米中ソという世界の三極のなかで人類の未来・平和に果たすべき日本の役割などを語り合った（1975年1月）　©Seikyo Shimbun

学者が集まり、「世界における日本研究と加藤周一」と題したシンポジウムが開催され、さまざまな角度から加藤の業績《ぎょうせき》に光が当てられた。〇八年（同二十年）に亡《な》くなった彼は、日本を代表する国《こく》際的《さいてき》知識人だった。

「言論問題」当時は、西ドイツでベルリン自由大学の教授を務めていた。

「七〇年安保《あんぽ》」に象徴される激動の年。加藤が書いた長文の時評《じひょう》は、実はこの「丁丑公論私記」だけである。

当代随一《とうだいずいいち》の論客。醒《さ》めた眼で祖《そ》国《こく》を見つめていた。

一九七〇年はまた、自民党が前年に続いて「靖国神社法案《やすくに》」を提出し、中国の周《しゅう》恩来《おんらい》が「軍国主義《ぐんこくしゅぎ》日本の復活」を警告《けいこく》した年でもある。この年に、なぜ、池田を巻き込む「言論問題」が起こされたのか。

加藤はペンを執った。

「公明党への攻撃は、見当違《けんとうちが》いも甚《はなは》だしい」

「丁丑《ていちゅう》」という見慣《みな》れない言葉は、「明治十年」（一八七七年）の干支《えと》である。この年、西郷隆盛《さいごうたかもり》が「西南《せいなん》の役《えき》」で戦死。明治維新《めいじいしん》最大の功労者《こうろうしゃ》は、一夜にして「古今無類《ここんむるい》の忠臣《ちゅうしん》」から「古今無類の賊臣《ぞくしん》」へ貶《おとし》められた。

福沢諭吉《ふくざわゆきち》は、たやすく豹変《ひょうへん》した新聞の論調《ろんちょう》に怒った。そして「丁丑公論《ていちゅうこうろん》」と題する一文を書き、その迎合《げいごう》ぶりを痛烈《つうれつ》に弾劾《だんがい》したのである。

加藤周一は、この福沢の論説をもとに、「言論問題」の構造を読み解《と》こうとした。「池田大作とその時代」を理解するために、欠かせない論文である。以下、その要旨《ようし》を紹介する。

〝日本の新聞雑誌は、「言論の自由」を守るためと称《しょう》して、一斉に公明党を攻撃した。さらに、普段《ふだん》は芸能人のプライベートを熱心に報じている週刊誌まで、まるで「公明党に私的《してき》な怨《うら》みがあるのか」と思えるほど攻撃した〟

〝たしかに「言論の自由」は守らねばならない。そして、おそらく公明党に非《ひ》はあっただろう。しかし、「だから公明党を攻撃しなければならない」という彼らの主張は、見当違《けんとうちが》いも甚《はなは》だしい〟

――ここから加藤は、火を吐《は》くような論を展開する。

〝日本の「言論の自由」の侵害《しんがい》は、まさに報道機関の中枢《ちゅうすう》にこそ多い。

NHKは、政府・与党への鋭《するど》い批判を避《さ》けているではないか！

民放《みんぽう》は、広告のスポンサーが番組に圧力をかけているではないか！

大新聞は、政府や外国の大使館から注意されれば、鋭い記事を書く記者を社外に追い出すではないか！

さらに、学校の教科書には政府が圧力を加えているではないか！

これまで、そういうことが起こった時、普段は芸能人を追い回している週刊誌が、徹底的に批判し続けたか？　数カ月にわたって世論が騒いだか？　否《いな》、決してそんな動きはなかった。

「政府・与党・大企業の非」には黙《だま》り込み、「一野党《いちやとう》の非」を責めてやまない。そんなジャーナリズムにとって、「言論の自由」など、「言い逃《のが》れのための道具」に過ぎないではないか〟

「抵抗《ていこう》する精神」を守り抜け!

さらに加藤は、〝権力に抵抗《ていこう》する精神を守らねばならない〟と訴えた。

〝民主主義のためには、権力に抵抗する精神が必要である。今、公明党が四面楚歌《しめんそか》に陥《おちい》り、与党の「専制《せんせい》」に抵抗する力を失えば、得をするのは、ほかならぬ与党・政府である〟

そして、〝今の日本の政治状況を福沢諭吉が見れば、軍国主義復活《ふっかつ》の怖《おそ》れが大きい、と論じたかもしれない〟と論文を結んだ。

巨大な悪と戦ってこそ、真の言論の自由——「丁丑公論私記《ていちゅうこうろんしき》」は、この急所を明らかにした。半世紀を経《へ》た今もなお、加藤が張った論陣《ろんじん》は普遍性《ふへんせい》を有《ゆう》している。

◇

「丁丑公論私記」の三年後、加藤は創価大学を訪れ、池田と初めて出会った。さらに新宿、ニューヨークと合計で三回対談。テーマは『万葉集《まんようしゅう》』から国際政治にまで及んだ。創価大学では大乗仏教《だいじょうぶっきょう》の可能性について講演した。

また、公明党職員《しょくいん》の政策《せいさく》勉強会に参加して、活発に議論を交《か》わしたこともある。親交《しんこう》の深い学会員にも、「あなた方の宗教的感覚《しゅうきょうてきかんかく》を政策に反映させれば、もっと大きな支持が得られると思う」「国会議員は通勤に立派《りっぱ》な車を使わず、電車やバスを使ったほうが、クリーンな党としての姿勢がはっきりするのではないか」等々、思うところを伝えた。自《みずか》らの信条と合わない場合は、率直《そっちょく》に異議《いぎ》を唱えた。

加藤の母校《ぼこう》である東京大学に学ぶ学生部員たちが、戦争体験《せんそうたいけん》を聞き取りに自宅を訪《おとず》れた時は、数人の学生を相手に、「戦時《せんじ》に平和運動を貫《つらぬ》く難しさ」を熱心に語った。

そして獄死《ごくし》した学会の初代会長・牧口常三郎にも言及《げんきゅう》。「あのような生き方は、できるものではない」「三代の会長の理想を受け継ぎ、学会の活動を頑張《がんば》ってください」と学生部員を励ました。

池田とその後継が取り組む民衆運動に、期待を寄せる一人だった。

◇

「言論問題」から十年近く経ち、加藤はスイスのジュネーブ大学に赴任《ふにん》した。日本を発《た》つ間際《まぎわ》、ある学会員の知人に「今回は、旅先で『続《ぞく》・丁丑公論私記《ていちゅうこうろんしき》』を書くようなことはないだろう」と語っている。

「しかし」、と加藤が続けた言葉に、その学会員は胸打たれた。

「もし、再び書かなければならない状況になれば」

加藤の眼光《がんこう》が鋭くなった。

「その時は、必ず書く」

「難題《なんだい》こそ千載一遇《せんざいいちぐう》のチャンス」

「難題《なんだい》に直面《ちょくめん》したら、それを、むしろ千載一遇《せんざいいちぐう》のチャンスと受け止めてベストを尽くしてください。そうすれば、必ず突破口《とっぱこう》が開けます……」

二〇〇五年（平成十七年）九月、八王子市の創価大学。人気の講座「トップが語る現代経営」で、温かなまなざしを学生たちに向けて語る一人の人物がいた。

中国新聞社特別顧問の今中亘《わたる》。

入社四年目に同僚記者と展開した「暴力追放《ぼうりょくついほう》」キャンペーンで、「菊池寛賞」を受賞。その奮闘《ふんとう》はテレビドラマにもなった（『ある勇気の記録――凶器の下の取材ノート』

社会思想社）。

若手記者に一貫《いっかん》して「書くべきことを、書くべき時にきちんと書く。それが新聞記者のモラルだと、私は考えています」と説く。

そのためにも、より強靭《きょうじん》な倫理観《りんりかん》をもつことが大切だと訴える。

創価大学の講座でも、近年のメディア・スクラム（集団的過熱取材《しゅうだんてきかねつしゅざい》）を取り上げた。取材対象に襲《おそ》いかかるような、モラルのないマスコミの態度に警鐘《けいしょう》を鳴らす。

「『社会の常識とマスコミの常識に乖離《かいり》はないだろうか』と絶《た》えず自問《じもん》し、きちっとした倫理観を保《たも》ち、誤報《ごほう》の過《あやま》ちを犯《おか》せば率直に認めて詫《わ》びるスタンスを堅持《けんじ》することです」

◇

中国新聞社のニューヨーク支局長、編集局長、代表取締役社長《だいひょうとりしまりやくしゃちょう》を歴任。創価学会の文化祭を取材するなど、池田を中心に展開される民衆運動を見つめてきた。

今中は小説『人間革命』を手にとって語る。

「一つの信念を貫き通す、池田会長の姿に敬服《けいふく》します。そもそも、これほどの長編は、ご本人にそれだけの歴史、民衆運動の膨大《ぼうだい》な体験がなければ、到底《とうてい》、書けるものではありません」

――今中は大学の卒業論文に『レ・ミゼラブル』を選んだほどのユゴー好きでもある。池田がこよなく敬愛《けいあい》する作家もユゴーであると知り、いっそう親近感を覚えたという。

「フィクションなら、いくらでも書けるかもしれません。しかしノンフィクションを基《もと》にした小説を……やはり、誰にも書けないでしょうね」

今中は二〇〇八年（平成二十年）、広島の「平和記念資料館」改修《かいしゅう》を検討する有識《ゆうしき》者《しゃ》委員会の委員長に就任。二年がかりで議論を重ねた。一〇年（同二十二年）四月、「人間の視点」を重視する大幅《おおはば》な改修方針を発表。「少なくとも、今後半世紀《こんごはんせいき》は観覧《かんらん》に耐《た》えうる案を出せたと自負《じふ》しています」と笑顔で語る。

二〇〇八年の一月には、「ヒロシマ平和メディアセンター」諮問《しもん》委員会の座長に。広島発のメッセージを世界に広げるため、力を尽くした。

「立場や信仰は違っても、私たちが広島から発《はっ》している『反核《はんかく》・平和』のメッセージと、池田会長の思想性は合致《がっち》します」

『随筆《ずいひつ》　人間革命』

「書くのは大変なんだ。だから、『書く』と、先に宣言しちゃうんだよ。『巌窟王《がんくつおう》』のデュマも、連載の締《し》めきりに追われながら書いたんだ」と、快活《かいかつ》に笑う池田。その執筆の苦労を記した本が、『随筆《ずいひつ》　人間革命』である（『池田大作全集』第二十二巻に収録）。

一九七一年（昭和四十六年）、小説『人間革命』第七巻のスタートを前に書き始められた。その随筆には、編集担当者の「J記者」から原稿を催促《さいそく》される、池田の日常が描かれている。

〈庶務より、J記者から今日中に〝明暗〟第八回分の原稿を願いたし……との連絡があった。挿絵《さしえ》が間に合わなくなるとのこと〉（一九七二年十二月十二日）

〈今日も、大勢《おおぜい》の来客と会った伸一（＝小説中の池田の名前）は、その合間《あいま》をぬって、J君より催促されて『人間革命』の〝明暗〟十三回目の原稿を書き上げる。どうやら督促《とくそく》され、もがきはじめているようだ。追《お》われる身は辛《つら》いと実感する昨今《さっこん》である〉（同十二月十八日）

仕事熱心《ねっしん》なJ記者は、『随筆　人間革命』の最終回にも登場する。

〈『人間革命』を途中《とちゅう》で休載《きゅうさい》させていただき、胸のなかがいつも苦しい思いである。いっぺん休むと、加速度《かそくど》を与えるのに資料の点検《てんけん》等になかなか調子がのらないものである。

法悟空《ほうごくう》（＝池田の筆名）はなんとかやっと時間を見つけながら、三回分ほど、担当のJ君に渡すことができた。もう少し貯《た》めてから、余裕をもって開始したいと思うので、もう少し時間をいただきたい。……〉（一九七三年一月十四日）

私が「留守中《るすちゅう》」の学会員のために

〝J君〟こと陣内由晴《じんのうち》は、第八巻の連載スタート時（一九七二年五月）のことを鮮烈に覚えている。

「四月初旬に、『留守中《るすちゅう》の全国の会員のために、連載を早めたいんだ』と言われたのです」

この「留守中」云々という池田の言葉は、何を意味するのか。

同年の四月二十九日から一カ月間、池田はヨーロッパ・アメリカを訪問。なかでも五月には、〝二十世紀最大の歴史学者〟といわれるアーノルド・ジョーゼフ・トイン

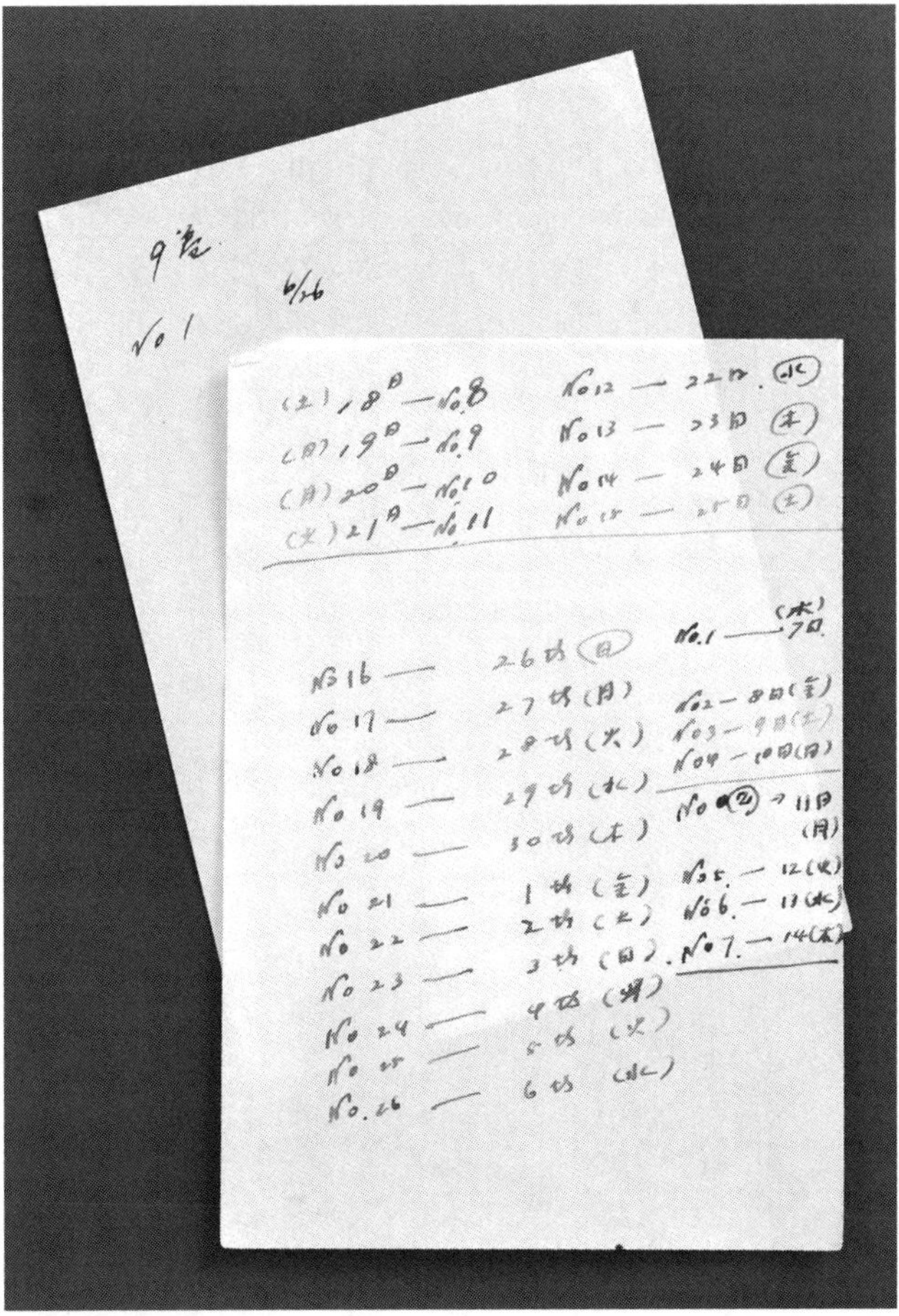

小説『人間革命』の聖教新聞への掲載予定日を記した池田の覚え書き。手前のメモには、第8巻「学徒」の章（1972年12月6日〈水〉まで全26回）と、「明暗」の章（同年12月7日〈木〉に開始）の予定が見える
©Seikyo Shimbun

ビーとの対談を、ロンドンでスタートしている。（単行本『民衆こそ王者』第14巻に詳述）

前年、既《すで》に『人間革命』は第七巻まで終了。当初は、帰国後に第八巻の連載を始める予定だったようだ。しかし池田は、自分が日本を留守にしている間、「日本の学会員のために何かできないか」と気になった。そして編集サイドと相談し、「留守中」でも『人間革命』が連載され、読めるよう、第八巻の連載開始を早めたのだ。

トインビーとの対談は、池田が心血《しんけつ》を注いでいた大仕事《おおしごと》である。その準備の最中にも、同志の存在を忘れることなく、常に心を砕《くだ》いていた様子がうかがえる。

◇

「昭和四十七年十二月から連載された第八巻『明暗』の章の前後も、非常にお疲《つか》れの様子でした。『具合が悪い。他の仕事もある。書けない。テープに吹き込むから』と言われていた。一週間後、口述のテープが編集室に届きました。四〇〇字で二十枚弱、たしか連載六回分ほどです。翌年の二月末には、『多事《たじ》』の章を口述されたテープが、わざわざ九州から本社に届いた。申し訳なく思いました」と陣内は語る。

「多事」の章のオープンリールテープには、池田自身の「マイクの試験中《しけんちゅう》。マイクの試験中……大丈夫？」という声も残っていた。目が疲れていたのか、「ちょっと電気、消してください」と言った後、池田は「本部の初勤行《はつごんぎょう》を終えると、そのまま戸田の一行《いっこう》は……」と口述を始めている（三月十五日付）。録音も、神経をすり減らす作業に変わりなかった。

「香峯子《かねこ》机《づくえ》」

池田の執筆《しっぴつ》を、妻の香峯子《かねこ》も支えた。第九巻「発端《ほったん》」「小樽問答《おたるもんどう》」の章には、香峯子の字の原稿が多く残されている。「発端　五」。原稿の欄外《らんがい》に〈少々身体《からだ》が疲れているので女房に口述筆記をしてもらいました〉と書かれている。

「発端　二十六」の原稿には、欄外に〈六月二十五日。会長より口述、筆記する。香峯子〉とあり、その隣《となり》には〈池田大作〉。夫妻の字が並ぶ。

口述筆記などで香峯子が使ってきた机は「香峯子机《づくえ》」と呼ばれ、現在、沖縄国際平和会館で展示されている。

◇

池田が沖縄を訪問した際のことである。就寝時《しゅうしんじ》。香峯子は、池田が休む部屋に接《せっ》した〝廊下《ろうか》〟に自分の布団《ふとん》を敷《し》いて休んだ。

香峯子は夫への気遣《きづか》いについて語っている。「主人は、疲れがひどいと、わずかな物音《ものおと》でも目を覚ましてしまう時がありますから」。

「そこまでして、先生を支えておられるのか」。それを聞いた婦人部の幹部は、しばし絶句《ぜっく》した。

『人間革命』をはじめとする池田の原稿執筆は、香峯子との〝二《に》人《にん》三《さん》脚《きゃく》〟の賜物《たまもの》で

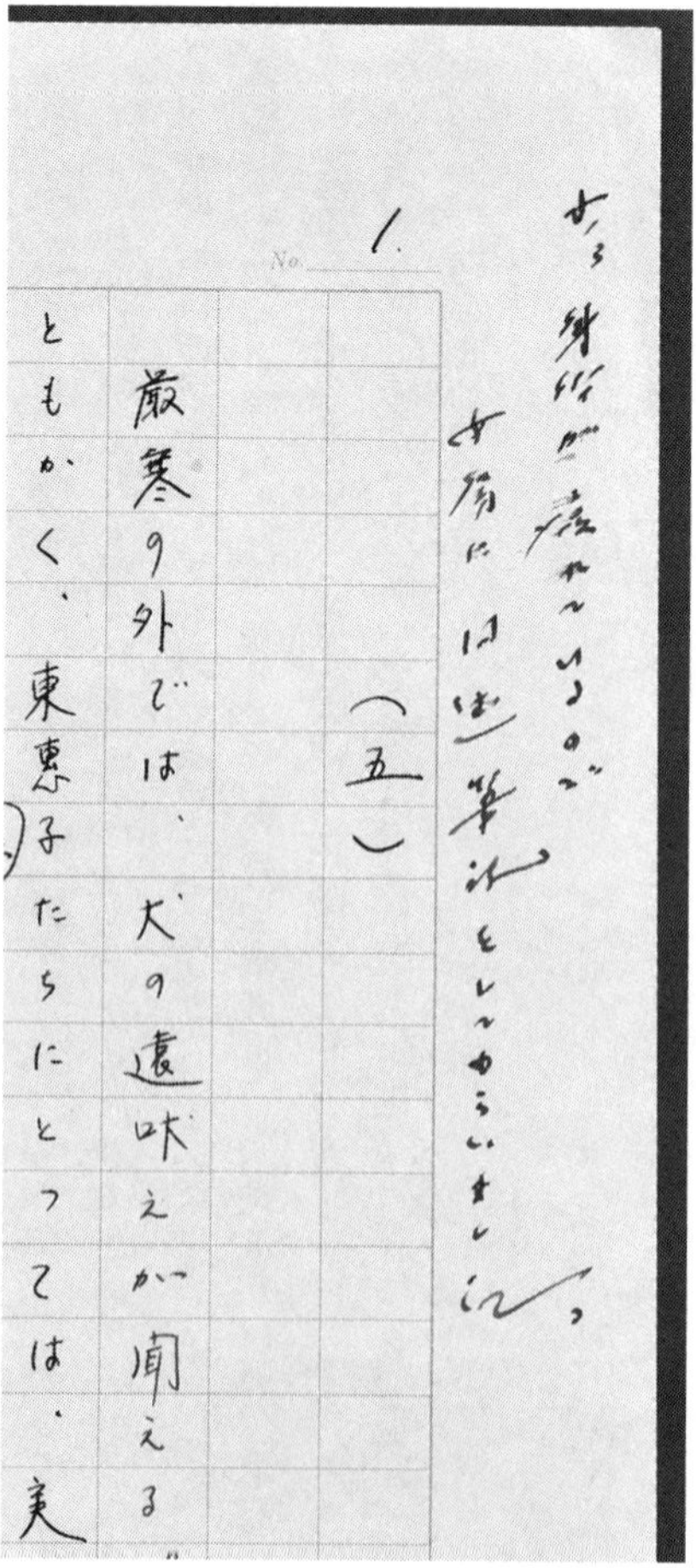

小説『人間革命』第９巻「発端」の章の原稿。欄外に、池田の筆跡で「少々身体が疲れているので女房に口述筆記をしてもらいました」と書かれている　©Seikyo Shimbun

ある。

◇

小説『人間革命』をめぐる労苦《ろうく》は、一九七〇年代を超えて、八〇年代にも続く。

かつて池田は、中国新聞社特別顧問の今中亘が語ったような、「書くべき時に書く」ことが許されないばかりか、「語るべきことも語れない」「行くべき場所にも行けない」苦境《くきょう》に立たされたことがある。

それは一九七七年（昭和五十二年）から本格化した、いわゆる「第一次宗門事件《しゅうもんじけん》」に直面した時期である。

最大《さいだい》の難所《なんしょ》。池田はどうやって突破口《とっぱこう》を開いたのか。

第二章

二年の休載《きゅうさい》――「第一次宗門事件《しゅうもんじけん》」

夕暮《ゆうぐ》れ。刻々《こっこく》と群青色《ぐんじょういろ》の濃くなる空。昼間の喧噪《けんそう》は去り、あたりを穏《おだ》やかな静寂《せいじゃく》が包み始めていた。

「あっ！」と誰かが小さく叫《さけ》んだ。

微《かす》かな、しかし確かな光が、創価女子学園（現・関西創価学園）の「蛍《ほたる》の池」に舞い始めた。

「光った！」「やったぁ！」

息を詰《つ》めて見守っていた生徒と教員たち。池の周りで歓声を上げた。

初めての蛍《ほたる》に詠《よ》んだ一句

大阪・交野《かたの》市に立つ同学園で初めて蛍が飛んだのは、一九七九年（昭和五十四年）五月下旬のことである。

『万葉集《まんようしゅう》』にも歌《うた》われた、この自然豊かな天地に、「平和の象徴《しょうちょう》」である蛍の火を灯《とも》したい。それは、創立者である池田大作が、学園関係者に託《たく》していたロマンだった。学園の有志は一年以上、知恵をしぼり、苦労を重ねた。そして、教員と生徒が力《ちから》を合わせ、念願の蛍を育てあげたのである。

その後、同学園で催《もよお》される恒例の「蛍観賞《かんしょう》の夕《ゆう》べ」は、一〇〇〇人前後の市民が訪《おとず》れる、初夏《しょか》の風物詩《ふうぶつし》となった。

〝初めての蛍〟の朗報《ろうほう》に接した池田は、一句を詠《よ》んだ。

螢《ほたる》とぶ
源氏《げんじ》も平家《へいけ》も
ともどもに

「源氏」と「平家」という敵同士の名がついた蛍でさえ、仲良く夕闇《ゆうやみ》に瞬《またた》いている――。

この句を詠んだ時。

それは、池田が創価学会第三代会長を辞任（一九七九年＝昭和五十四年四月二十四日）してから、わずか一カ月後のことだった。

「蛍」の句に池田は、どのような思いを込めたのだろうか。

「実践」の創価学会 「権威」に縋《すが》る宗門

「……ちょうどこの箇所《かしょ》に、朱筆《しゅひつ》の傍線《ぼうせん》を引いたんですよ」

日本社会学会の会長を務めた塩原勉《つとむ》（大阪大学名誉教授）。七十九歳。長年、創価学会の運動に関心を寄せてきた。小説『人間革命』第十巻の一節に注目していたという。

開襟《かいきん》シャツにジャケット。ゆっくりと、よどみない口調で話す。そっと手をやった白髪《はくはつ》には、学究《がっきゅう》に捧《ささ》げてきた人生の年月《としつき》がにじみ出ている。

大阪大学の人間科学部長、甲南女子大学学長などを歴任。日本の社会学の泰斗《たいと》である。

「池田会長の『人間革命』を読んで、ここが非常に重要であると思いました」。塩原が傍線を引いたところには、こう書かれていた。

〈（戸田城聖《じょうせい》は）学会精神の衰弱《すいじゃく》と、形式《けいしき》に堕《だ》す組織の官僚性《かんりょうせい》とに、彼自《みずか》ら、

真正面《ましようめん》から挑戦《ちようせん》したのである〉（「展望」の章）

『人間革命』第十巻を締《し》めくくる一節である。一九五六年（昭和三十一年）八月、当時の学会幹部が形式にとらわれて、少人数の座談会を軽視するなど、草創《そうそう》の労苦《ろうく》を忘れ始めていたことを、戸田城聖（創価学会第二代会長）が戒《いまし》める場面だ。「聖教新聞」一九七八年（昭和五十三年）八月三日付に掲載《けいさい》された。

じつは、池田が「創価学会会長」として執筆した『人間革命』は、この一文が最後である。

第十一巻の連載が始まるのは、二年後（一九八〇年＝昭和五十五年）の夏。そのとき池田は会長を辞任し、名誉会長になっていた。

二年の〝空白〟。後述《こうじゆつ》するように、池田は、いみじくも第十巻の末尾《まつび》に書いた通り、彼自身が「学会精神の衰弱」と「組織の形式化」に立ち向かっていた。創価学会と日《にち》蓮正宗《れんしようしゆう》の軋轢《あつれき》。その責任を取る形での会長辞任。いわゆる「第一次宗門事件《しゆうもんじけん》」である。

社会の中で日蓮仏法を実践し、流布《るふ》していこうとする創価学会と、大石寺を中心に、僧の「衣《ころも》の権威《けんい》」を守り、これに縋《すが》ろうとした日蓮正宗。その本質の違いを探るためには、昭和一ケタまで歴史を遡《さかのぼ》らねばならない。

「信友《しんゆう》なる牧口常三郎《つねさぶろう》」

心ある人と人が出会う時、歴史が創《つく》られる。学会の初代会長・牧口常三郎《つねさぶろう》と、日蓮正宗の法主《ほっす》（第五十九世）・堀日亨《ほりにちこう》との邂逅《かいこう》は、その好例といえる。

日蓮正宗の総本山・富士大石寺（静岡県富士宮市）は、日蓮の弟子・日興《にっこう》の門流《もんりゅう》である。かつては日蓮宗はじめ日蓮系教団のうち、わずか二パーセントにすぎない弱《じゃく》小《しょう》教団だった。変化が訪れるのは、一九三〇年（昭和五年）、日蓮正宗の信徒団体として、牧口が創価教育学会を創立してからのことである。

牧口は名門として知られた白金尋常《しろかねじんじょう》小学校（現・白金小学校、東京都港区）の校長だった。長年携《たずさ》わってきた学校教育の枠《わく》を超えて、より広い民衆運動の道を模索《もさく》していた。

その牧口が、宗内きっての大学者として知られる日亨の労作《ろうさく》『富士宗学要集《しゅうがくようしゅう》』の編集に協力した史実《しじつ》は、ほとんど知られていない。

◇

第２代会長の戸田城聖（左）と日蓮正宗第59世法主の堀日亨。戸田が発願し、日亨が学究の成果を注いだ宗祖の遺文集『日蓮大聖人御書全集』は1952年に上梓された　©Seikyo Shimbun

二人は、牧口が一八七一年（明治四年）生まれ、日亨が六七年（慶応三年）生まれと、年齢も近かった。

日亨は「信友《しんゆう》なる牧口常三郎」が編集を助けてくれることを喜び、〝大いなる杖《つえ》が涌《わ》き出でて、老軀《ろうく》の足取りも大いにはかどる〟〝有難《ありがた》き事に感謝しております〟と綴《つづ》ってい

る（『富士宗学要集』の月報。一九三五年＝昭和十年九月六日）。

日蓮の思想を、後世《こうせい》に過《あやま》たず伝え残そうとした日亨と牧口。しかし、宗門と学会の違いが歴然《れきぜん》と表れる事件に二人は巻き込まれる。戦時中の宗教統制《とうせい》を受け、時の法主・日恭《にっきょう》のもと、宗門は学会に天照大神《てんしょうだいじん》の神札《かみふだ》を受けるように指示した。牧口は、神札は日蓮の教えに反《はん》するものとして、受け取りを拒否。「不敬罪《ふけいざい》」および「治安維持法違反《じほういはん》」で捕《と》らえられ、七十三歳で獄死《ごくし》する。

宗門は神札を受け、牧口を「登山停止（参詣《さんけい》禁止）」に処《しょ》して、保身《ほしん》をはかった。時の政府からの弾圧を恐れ、日蓮の重要な遺文《いぶん》も削除した。日蓮正宗の暗黒史《あんこくし》である。

敗戦後《はいせんご》、日亨は『富士宗学要集』の再刊にあたって、その「法難編《ほうなんへん》」に、牧口の殉教《じゅんきょう》の歴史を記《しる》し留《とど》めた。

そして、牧口と共《とも》に獄中《ごくちゅう》闘争を貫《つらぬ》いた弟子・戸田城聖の発願《ほつがん》を受け、日蓮の遺稿《いこう》を集大成した『日蓮大聖人御書全集』――いわゆる「御書」の編纂《へんさん》に力《ちから》を注ぎ、日蓮の精神を宗内に取り戻そうと尽くした。

極貧《ごくひん》の大石寺

戦争の前後、大石寺は困窮《こんきゅう》を極《きわ》めていた。食うや食わずの貧《まず》しさをしのぐため、僧が自《みずか》ら林を開き、鍬《くわ》を手にして畑を耕す有様《ありさま》だった。当時を知る僧から、「近くを通る馬車が落とした馬糞《ばふん》まで拾って、畑の肥《こ》やしにした」という苦労談を聞いた学会員もいる。米がなく、ヒエの粥《かゆ》をすすったこともあった。

大石寺の土地は、敗戦後の農地改革《のうちかいかく》によって約五万坪《つぼ》に減少。一時は「観光地化《かんこうちか》」を真剣に検討した。それを止めたのは戸田城聖だった。窮地《きゅうち》を救うためにスタートしたのが、全国の学会員が大石寺を参詣する「登山会《とざんかい》」である。

恩師・牧口を死地《しち》に追いやった宗門の僧らを助ける——。戸田は戦後、煮《に》え湯《ゆ》を飲む思いで不信《ふしん》を乗り越え、日蓮の精神が再び流れ通うことを願って、その再建《さいけん》に尽力《じんりょく》した。

戸田の寄進《きしん》によって、本山の土地は約十七万坪に拡大。学会本部を建て替えるための費用を、まるまる大石寺の整備に充《あ》てたこともある。

◇

一九五七年（昭和三十二年）、山口県下関市《しものせき》の妙宝寺が改築された。願主《がんしゅ》は戸田城聖である。

浦西とし子は、法要の前に隅々《すみずみ》を点検《てんけん》してまわる戸田の姿に接している。そして、一本の柱に節目《ふしめ》があるのを見つけた戸田が、御本尊の前に端座《たんざ》し、「こんな節目がある木を使って、すみません」と詫《わ》びる姿に驚愕《きようがく》した。

「あんな細かいところにまで気を遣《つか》われる姿を目の当《ま》たり《あ》にして、厳粛《げんしゆく》な気持ちになりました」

この姿勢を、池田は受け継《つ》いだ。

池田の会長就任十周年の七〇年（同四十五年）までには、本山の土地は約一一七万坪にまで広がった。農地改革からの四半世紀で二十三倍になったのである。

また、会長を辞任する七九年（同五十四年）までに学会は、約二〇〇の寺院を寄進した。宗門の約六〇〇の寺院のうち、じつに半数以上の三五六カ寺が学会の寄進である。

池田は、大石寺の塔中《たっちゅう》ですれ違う十歳に満《み》たない所化《しょけ》に対しても、深々《ふかぶか》と膝《ひざ》を折って合掌《がっしょう》した。「日目上人《にちもく》のような、立派な御僧侶《ごそうりょ》になってください」。そう声をかける姿を目にした人は多い。日目とは、日蓮、日興の跡《あと》を継いだ名僧《めいそう》。その名を挙《あ》げて、期待を寄せたのである。

「学会の大恩を永久に忘れるな」

極貧《ごくひん》の時代を経《へ》た当時の宗門人たちは、自分たちの生活を戸田、池田の両会長が、そして無数の学会員が支えてくれたことを身にしみて知っていた。

第六十五世法主の日淳《にちじゅん》もまた、学会に深い共感を寄せ、その出現の意義について、声を惜《お》しまず語った宗門人の一人だった。日淳が逝去《せいきょ》の前日に言葉を交わした人物は、学会総務《そうむ》を務めていた池田大作である（一九五九年＝昭和三十四年十一月十六日）。

「戸田先生のおかげで、創価学会のおかげで、大法は清浄《せいじょう》に、今日《こんにち》までまいりました。本宗は、戸田先生、創価学会の大恩を永久に忘れてはなりません。こう、細井（＝第六十六世法主の日達《にったつ》）に言っておきました」

池田は日淳の言葉を胸に、日蓮の教えを世界に弘《ひろ》めるという大目的のもと、徹《てっ》して宗門を守り、発展させる道を歩んだ。しかし、この日淳の遺志《いし》は二十年後、心ない人々によって、無惨《むざん》にも破られてしまう。それはなぜか――。

◇

第一次宗門事件が起こった背景は、決して単純ではない。日蓮正宗自体が抱えていた内部対立や、旧態依然《きゅうたいいぜん》とした体質がある。

また、外から宗門を守り支えようとする創価学会の「良心《りょうしん》」を利用した、悪徳弁護士の暗躍《あんやく》と、それに引きずられた一部の学会首脳《しゅのう》の判断ミスもあった。

しかし、この事件が、創価学会が世界宗教へと大きく発展するために、重要な原理を確かめる機会となったことは間違いない。

その原理とは「師弟」――師匠と弟子の絆《きずな》である。

総本山のお膝元《ひざもと》の醜態《しゅうたい》

創価学会員は毎日、法華経を読誦《どくじゅ》し、題目を唱える。たとえば朝は、会社員なら出勤前に、主婦なら家事《かじ》の合間をぬって御本尊の前に端座《たんざ》する。

日々の祈りは、「幸せになりたい」という素朴《そぼく》な「願い」の表れである。またそれは、信仰者として周囲の人々を幸せにしていこうという「誓《ちか》い」でもある。信仰によって喜びや確信をもったなら、それを人に伝え、救っていこうと行動するのも、当然のことである。

朝晩の読経《どきょう》・唱題と布教《ふきょう》は、日蓮正宗では修行の基本とされてきた。しかし学会員以外の日蓮正宗信徒にとっては、必ずしも、そうではない。

◇

一九七二年（昭和四十七年）二月。大石寺近くの名刹《めいさつ》・妙蓮寺《みようれんじ》に、池田が願主となって四つの宿坊《しゆくぼう》が新築された。

聖教新聞記者の古賀重剛は、その祝賀《しゆくが》法要の取材を担当していた。法主の日達を導師に読経・唱題。つつがなく法要が終わるかに見えた。参列者《さんれつしや》が立ち上がろうとしたその時、古賀はわが目を疑った。最前列に陣取《じんど》っていた法華講《ほつけこう》の講頭《こうとう》や総代クラスの壮年たちが、次々に、バタバタと転んだのである。立ち上がれない。

「いやー、まいった。足がしびれちまった」「いつも勤行《ごんぎよう》なんかしないからなぁ」。互《たが》いに苦笑いを浮かべ、醜態《しゆうたい》をごまかす男たち。

「これが、総本山のお膝元《ひざもと》か……」。古賀は唖然《あぜん》とした。普段接《せつ》する学会員の日常とは、まるで別世界である。

「勤行もせず、積極的な信仰心《しんこうしん》はない。法華講といっても、家の宗教が日蓮正宗だっただけ。単なる形式なんです」と、大石寺近くに住む伊藤一は語る。

そうした風潮は末寺の住職にもあった。鹿児島の川内市《せんだい》（当時）。学会員宅で御本尊の入仏式を終えた僧は、「これでもう、勤行せんでも成仏《じょうぶつ》できます」と笑った。

◇

一九五七年（昭和三十二年）、身延派から日蓮正宗に帰一《きいつ》した寺がある。宮崎・日向《ひゅうが》市の定善寺《じょうぜんじ》である。住職を務めた小原日悦は後年、学会員に感慨《かんがい》深く語った。

「御講《おこう》の時、私が導師で勤行していても、信徒は皆、ろくに勤行ができない。唱えているのは、ほとんど私一人だけでした。

ところが、学会員の皆さんは、まるで違う。見事に私の声に和《わ》して、勤行し、朗々と題目を唱えられる。『ああ、帰一して本当によかった』と、心から感動しました」

小原は、こうも言い残している。

「学会さえあれば広宣流布はできる。あとは、いりません」

「正本堂《しょうほんどう》」の建立《こんりゅう》、そして世界へ

池田は一九六〇年（昭和三十五年）五月、第三代会長に就任すると、七月には当時、パスポートが必要だった沖縄へ。十月には北・南米へと赴《おもむ》き、会員の激励にあたった。

そこで、会員が毎日使う法華経の経本《きょうぼん》が、日本語版しかなく、外国人メンバーが困っていることを知る。帰国後さっそく、宗門に働きかけて、ローマ字版の作成へ。六五年（同四十年）までには、スペイン語、ポルトガル語、韓国語、タイ語版が発刊されるまでになった。

七二年（同四十七年）に建立《こんりゅう》された「正本堂《しょうほんどう》」は、まさに世界的宗教施設だった。建築面積は約三万九〇〇〇平方メートル。「世界最高の建築物を」との構想のもと、大成・鹿島・清水・竹中・大林・戸田の大手建設六社によるジョイントベンチャー（共同企業体）方式がとられ、延《の》べ一〇〇万人が建設に携わった。

大御本尊を安置《あんち》した東西一一〇メートル、南北八十二・五メートルの大空間には、視界を遮《さえぎ》る一本の柱もない。「半剛性吊り屋根構造《はんごうせいつやねこうぞう》」という、世界に類《るい》がない独創的《どくそうてき》な造り。椅子《いす》数五四〇〇の大伽藍《だいがらん》だった。正座をする習慣のない外国人や、身体の不自由な会員にも配慮された画期的な施設である。完成奉告《ほうこく》大法要には、海外五十カ国・地域から同志が集《つど》った。

◇

正本堂の建立によって、大石寺の整備《せいび》は、ほぼ完成に至った。これを契機に学会は、各地の会館建設に取り組み始める。

そして、東西冷戦のなかで池田は、「対立」から「調和」を生み出すため、世界的視野に立った行動を重ねていく。一九七四年（昭和四十九年）、中国、ソ連（当時）を初訪問。翌七五年には、国連事務総長のワルトハイムに「核廃絶一〇〇〇万署名簿」を提出する。

さらに米国務長官のキッシンジャーとの会見や、SGI（創価学会インタナショナル）の発足を経て、世界的歴史学者トインビーとの対談集を出版。五月にはモスクワ大学から名誉博士号が授与されている。

主な動きを列挙《れっきょ》しただけでも、池田の行動範囲は既《すで》に国境を超えていたことが、ありありとわかる。

◇

こうした国際社会を舞台にした池田の活躍や、世界中の人が信仰を実践できるように近代化していく活動に対し、宗門は古い考え方が抜けなかった。

七七年（同五十二年）一月十五日、池田は大阪・豊中市の関西戸田記念講堂で「仏教史観を語る」と題する講演を行う。ここで池田は〝学会の会館は近代における寺院である〟と意義づけた。

仏道修行《ぶつどうしゅぎょう》の場である会館は、寺院の役割を果たす——何の違和感《いわかん》もない主張だ。

しかし、この講演に対して、宗門は激しく反発したのである。

「僧《そう》が上、俗《ぞく》が下」

その陰には、宗門に巣食《すく》う、拭《ぬぐ》いがたい差別意識があった。

「僧俗和合《そうぞくわごう》」

という言葉がある。「僧」は出家、「俗」は在家。出家と在家は、役割を分担《ぶんたん》しながら、団結して進むべきだ、という考えである。

しかし、ある寺では、住職の夫人が「『俗』というのは、『人間の谷間』のことをいうのですよ」と発言したという。在家である学会員は、寺族の自分たちよりも下等《かとう》な存在だ、との認識である。

このような発想に立てば、「僧俗和合」という最重要《さいじゅうよう》の原則すら、

「上（出家）に下（在家）が服従《ふくじゅう》する」

という差別の象徴と化《か》してしまう。

「衣《ころも》を着ているだけで、尊敬されて当然」という思い上がり。それは、自分たちの想像を超えて世界に仏法を弘《ひろ》めた創価学会と、常にその先頭に立ち、慕《した》われる池田会長

の姿に触《ふ》れた時、たやすく嫉妬《しっと》の炎《ほのお》に変わる。日亨や日淳たちの心は、失われつつあった。

◇

池田は折に触れて、目に余《あま》る僧の言動については日達に直言《ちょくげん》した。「宗門を守る。しかし言うべきことは言う」。これが一貫《いっかん》した姿勢だった。

だが、不幸にも宗門は、その直言を受け入れ、改《あらた》めるべきは改めるだけの力量を欠いていた。

このような渦中《かちゅう》、学会と宗門の間に生じるわずかな隙《すき》に潜《もぐ》り込み、次々と不和を増《ぞう》長《ちょう》させながら、宗門に取り入り、学会を意《い》のままに操《あやつ》ろうとした男がいた。のちに恐喝罪《きょうかつざい》で実刑判決《じっけいはんけつ》を受ける、弁護士だった山崎正友である。

宗門の悪心を煽《あお》った山崎

山崎は「調和」を崩して「対立」を生み出す邪智《じゃち》の持ち主だった。

たとえば、当時の日蓮正宗は「無任所教師《むにんしょきょうし》」——住職の資格を持ちながら、赴任先《ふにんさき》がない僧——を多く抱えていた。それは宗門自身の運営の問題であり、信徒団体である学会には何の責任もない。

しかし一部の僧たちは、「学会が寺を寄進しないから、俺たちが住職になれない」という、およそ転倒《てんとう》した不満を持つようになる。こうした悪感情に、山崎は巧《たく》みにつけ込んだ。

山崎は〝学会側の代表〟という顔をして、宗門の役僧《やくそう》らとつながりを深めた。そして「宗門に対しては学会のデマを吹き込む」「学会に対しては宗門のデマを吹き込む」、さらに「自分が両者の仲介役をする」という、典型的《てんけいてき》なマッチポンプになった。

全国各地の寺院で、「我々が〝善導《ぜんどう》〟せねばならない」と権威を振りかざした、激しい池田批判、学会攻撃が繰《く》り返されるようになった。

彼らが最大の標的《ひょうてき》にしたもの——それは会長の池田であり、池田と学会員の絆である。

「学会の基盤《きばん》は師弟」

第六十五世法主の日淳が「学会の大恩を永久に忘れてはならない」と説いたことは、先に述べた。

第二代会長の戸田が亡《な》くなった二カ月後。九州総会で、日淳は極めて重要な講演をしている。

「創価学会が、何がその信仰の基盤《きばん》をなすかといいますと、この師匠と弟子という関係において、この関係をはっきりと確認し、そこから信仰を掘り下げてゆく、これが一番肝心《かんじん》なことだと思う。今日の創価学会の強い信仰は、一切そこから出てくる。戸田先生が教えられたことは、これが要《かなめ》であろうと思っております。師を信じ、弟子を導く、この関係、これに徹すれば、ここに仏法を得ることは間違いないのであります」（一九五八年＝昭和三十三年六月一日）

日淳は日蓮正宗の最高責任者として、学会のすべての活動を貫《つらぬ》く、

「師弟」

の原理を、率直《そっちょく》に讃《たた》えたのである。

第十巻に込めたメッセージ

『人間革命』第十巻は、一九七七年（昭和五十二年）九月から翌年八月まで聖教新聞紙上で連載された。その時期は、まさに第一次宗門事件の激化《げきか》と重なっている。

池田が会長時代に記した小説『人間革命』全十巻の中で、「師弟」という言葉が最も多く登場するのが、この第十巻である。

〈彼（＝戸田）の弟子たちは、師弟の道は心得《こころえ》ていたが、師弟不二のなんたるかを悟《さと》るものはほとんど皆無《かいむ》といってよかった。不二《ふに》とは合一《ごういつ》ということである。（昭和）三十一年の戦いに直面した時、彼の弟子たちは戸田の指導を仰《あお》いだが、彼らの意図する世俗的《せぞくてき》な闘争方針を心に持《じ》しながら、戸田の根本方針を原理として聞き、結局、彼らの方針の参考としてしか理解しなかった。戸田の指針と彼らの方針とは、厳密《げんみつ》にいって不同《ふどう》であったのである。師弟の道を歩むのはやさしく、師弟不二の道を貫くことの困難さがここにある。

ただかろうじて、山本伸一（＝小説中の池田の名前）だけが違っていた〉（一九七七年＝昭和五十二年十月二十二日付。傍点は編集部）

〈（多くの弟子たちは）師の意図に叛《そむ》く考えはさらさらないものの、師の意図をただ教条的《きょうじょうてき》にしか理解しない。そこで厳しい現実に直面すると、周章狼狽《しゅうしょうろうばい》して師の意図を生のまま機械的に同志に押し付けて事足《ことた》れりとするか、あるいは師の意図が気になりつつも、直面した現実を特殊《とくしゅ》な場合として、浅薄《せんぱく》な世間智《せけんち》をはたらかせて現実に適合しようと焦《あせ》る。ここにいたって、師弟の脈動《みゃくどう》が断《た》たれていることに気がつかない。……師の意図に教条的にただ追従《ついじゅう》することは、弟子にとってきわめて容易《ようい》なことだ。師の意図からその根源にまで迫《せま》って、その同じ根源を師とともに頒《わ》かちあう弟子の一念は、まことに稀《まれ》だといわなければならない。しかし、この稀なる一念の獲得《かくとく》にこそ、微にして妙なる師弟不二の道の一切がかかっているのである〉（同年十二月六日付）

池田は「今、何としても心ある同志に伝えなければならないメッセージ」を、小説『人間革命』に託したと言える。

全国の日蓮正宗の寺で執拗《しつよう》に繰り返される学会攻撃。さらに、週刊誌等で書き散らされる学会批判。

各地の学会員たちは、「血《ち》の涙《なみだ》」を流すような思いで迫害に耐え、「師弟不二」の道を歩もうとする。

週刊誌片手の「説法」

「学会を辞めないと、葬儀に出席してやらない」「地獄《じごく》に堕《お》ちるぞ」——全国の寺で、どれだけ多くの学会員が、これらの心ない言葉に胸を痛めたか、数知れない。

毎月十三日に各寺院で行《おこな》われる「御講《おこう》」のたびに、週刊誌片手の「説法」が始まる。池田への罵倒《ばとう》を繰り返す僧たち。

大分・日田市。女子部の責任者だった武部和子は、「理不尽な言葉に悔し涙を流しました」と回想する。

「〝二つ心〟は許されない。いったい、寺につくのか！　学会につくのか！」——学会によって寺が興隆《こうりゆう》した事実を忘れた、自分勝手な恫喝《どうかつ》である。それでも、衣の権威《けんい》に弱い人々は学会を離れていった。

御講で武部の隣に座った、日田の了正《りようしよう》ミサヲ。うつむき、悔しさで小さな肩を震《ふる》わせている。立ち上がった武部。「御僧侶《ごそうりよ》には逆らうな。僧俗和合のためだ」と幹部に言われていたが、我慢《がまん》ならなかった。「私たちのことは何と言われようとかまわない。しかし、なぜ池田先生の悪口を言うのですか！」。

◇

秋田の小松俊彦は耳を疑った。大曲市や仙北郡《せんぼく》の学会員の葬儀で、日蓮正宗の僧が「創価学会は謗法《ほうぼう》です。だから、この故人《こじん》は成仏しない」と得意げに言い放ったというのだ。暴言は一度や二度ではなく、各地で続いた。

参列者には当然、学会員でない人もいる。「なんだ、このぼんず（坊主）は」と呆《あき》れられ、遺族は、深く何重にも傷つけられた。

「学会を辞めないと、葬儀には行かん」と脅《おど》され、脱会届を書かされた人もいる。

「坊主が来ないと、世間体《せけんてい》が悪い……」と思ってしまう旧習《きゅうしゅう》深い地域には、甚大《じんだい》な影響がある。穏和《おんわ》な秋田人の心は千々《ちぢ》に乱れた。

これが、人間のすることか。小松たちは、全身の血が逆流《ぎゃくりゅう》するような思いを、かろうじて抑えていた。

「僧侶は敬《うやま》うものだ、という常識があった。そこにつけ込み、初七日や四十九日に『寺につくか。池田と一緒《いっしょ》に地獄に行くか』と脅《おど》した。そのたびに脱会者《だっかいしゃ》が増えた」と西山秀隆や坂本龍馬《りゅうま》は証言する。

「もうちょっと我慢すれば、直るべな、戻るべな……そう言い聞かせて、同志を励《はげ》まし続けた」（伊藤栄吉）。「坊主の最大の狙《ねら》いは、池田先生と会員の絆を切り裂《さ》くこと。

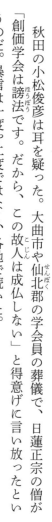

ここを断ち切らなかったら、自分たちの出番がなくなると思ったんでしょう」と小松は語る。

東北では、山形の米沢《よねざわ》、宮城の石巻《いしのまき》なども苦しめられた。

〈値打ちがなければないほど、自惚《うぬぼ》れが強くおうへいですし、いよいよ尊大《そんだい》ぶり、いよいよ気取ります〉（『痴愚神礼讃』中央公論新社）。このオランダの賢人エラスムスの警句《けいく》そのままの姿が、列島の各地に現れていた。

〈頼みなむ 君の祈りで 安穏山〉

「御講の場で池田先生の中傷《ちゅうしょう》を繰り返す坊主たちを、私は絶対に許せなかった。庫裡《くり》まで押しかけて抗議した」と語るのは、熊本・八代《やつしろ》市に住んでいた勝木昭八郎である。熊本でひどかったのは八代、人吉《ひとよし》、水俣《みなまた》。いずれも学会の会館がなく、寺で会合を開いていた。

憎からの攻撃が続いていた渦中《かちゅう》の、一九七八年（昭和五十三年）五月三日。勝木は、池田から届けられた、

〈頼みなむ　君の祈りで　安穏山〉

という句を凝視《ぎょうし》し、目をつむった。

「ああ、池田先生は耐《た》えておられる。だったら俺たちも耐えよう、と腹を決めた。しかし、辛《つら》かった」

◇

大分の学会本部職員・田中勇郎は、竹田《たけた》市の荻町に急いだ。

八十三歳の安藤久《ひさし》から、悲痛な連絡が届いていた。竹田は交通の便も悪く、幹部が通う回数も少なかった。

「七割が脱会した」という信じられない報告に、田中は愕然《がくぜん》とした。安藤に「他の人たちは？」と尋《たず》ねるが、肩を落としたままだ。

荻町には戦後の引き揚《あ》げ者や、高冷地を開拓するために移住してきた貧しい人々も住んでいた。なかには、土の上にむしろを敷《し》いて寝るような生活の人もいた。同志とともに、池田の励ましを胸に、生活苦に立ち向かった。

その人々を、僧や檀徒《だんと》は、心ない言葉で責め立てていた。

「だけどね、私はこう言い返したんですよ」。安藤は声を震わせた。

――私たちが、戦争から引き揚げた方や、開拓の方々と一緒に、大変ななか、今日までやってこれたのは、池田先生と学会のおかげだ。寺のおかげじゃないんだ。だから、御僧侶のあなた方が、先生が地獄に堕《お》ちると言うのなら、私は喜んで、池田先生とともに地獄に行こう。絶対に、寺の言いなりにはならん――。

それは、人を人として扱わない非道に対して、あくまでも人間として立ち向かった魂《たましい》の叫《さけ》びだった。

――ここまでの、惨状《さんじょう》だったとは。田中は沸騰《ふっとう》する怒りを抑《おさ》え、「悔しい」と嗚咽《おえつ》する安藤の手を握った。

◇

北海道・名寄《なよろ》も、学会攻撃の暴風雨《ぼうふうう》にさらされた地域の一つである。

本部長だった有澤清志のもとに連日、脱会届が届いた。激励のために、遠い剣淵《けんぶち》や和寒《わっさむ》にも足を運んだ。

「『わかったよ本部長、学会で頑張《がんば》るよ』と言ってくれた時、どんなにうれしかったか」

明け方に自宅に帰り、横になる。玄関のポストに「ぽとっ」と郵便物《ゆうびんぶつ》の音。胸騒ぎがした。

脱会届。差出人は、なんと「さっきまで励ましていた人物」である。

有澤は呆然《ぼうぜん》とした。精神的に追い込むために、また、有澤が中心地の名寄で活動する時間を奪うために、〝脱会届を先に投函《とうかん》しておいてから、嘘をついて遠方まで呼びつけた〟のである。

あまりの心労《しんろう》に、有澤の髪は真っ白になった。

のちに池田は、苦境を乗りきった名寄の有澤たちに、

〈血涙《けつるい》を　いくたび流せし　わが友の　名寄の建設　仰《あお》ぎ讃えむ〉

と和歌を贈っている。

日本列島の北から南まで、至《いた》る所で「血の涙」が流された。しかもその狂気《きょうき》の実態は、「僧俗和合」を守《まも》るために、聖教新聞でも事立《ことだ》てて報じられることはなかったのである。

◇

山崎の動きに乗せられた宗門。それを止めることができない学会首脳。悪循環《あくじゅんかん》が続く。

「今度こそ解決した、と学会本部から連絡があっても、そのたびに寺は正反対の動きをする」（熊本、勝木昭八郎）

「もう大丈夫だ、と聞かされた直後、不思議にも学会と宗門の関係が悪化する。その繰り返しだった」（秋田、小松俊彦）

こうした証言は数限りない。

そんな中、一九七九年（昭和五十四年）三月、福島源次郎という最高幹部が九州・大牟田《おおむた》の会合で、物知《ものし》り顔で宗門を揶揄《やゆ》した。池田の足を引っぱる愚行《ぐこう》だった。宗門は猛《もう》反発。これが仇《あだ》となり、「私一人が退《ひ》いて済むならば」と、池田は会長辞任を決断する。

学会も宗門も、ともどもに繁栄《はんえい》を――牧口、戸田、池田と繋《つな》いできた望みは、蛍火《ほたるび》のように弱く、消えかかっていた。

「随筆《ずいひつ》　新・人間革命」に綴られた胸中《きょうちゅう》

池田が、この当時の経緯《けいい》を詳しく公表したのは、会長辞任からちょうど二十年経《た》った春である。

〈真実の信仰者は、罵詈《めり》され、讒言《ざんげん》され、嘲笑《ちょうしょう》されて、初めてわかる。畜生《ちくしょう》のごとき坊主《ぼうず》らの暴圧《ぼうあつ》による、わが友たちの苦悩《くのう》を、悲鳴《ひめい》を、激怒《げきど》の声を聞くたびに、私の心は血《ち》の涙《なみだ》に濡《ぬ》れた。心痛《しんつう》に、夜も眠《ねむ》れなかった〉――

聖教新聞に掲載した「随筆　新・人間革命」で、池田は綴っている。

〈坊主らは、狂ったように「責任をとれ」と騒ぎ立てた。

私は苦悩した。

――これ以上、学会員が苦しみ、坊主に苛《いじ》められることだけは、絶対に防がねばならない……私の心中では、ただ一身に泥《どろ》をかぶり、会長を辞める気持ちで固まっていった〉（一九九九年四月二十七日付、『随筆 桜の城』所収、『池田大作全集』第一二九巻に収録）

そして、会長辞任を迫られた時の胸中を明かした。

〈ある日、最高幹部たちに、私は聞いた。「私が会長を辞めれば、事態《じたい》は収まるんだな」。

沈痛《ちんつう》な空気が流れた。やがて、だれかが口を開いた。

「時の流れは逆《さか》らえません」

沈黙が凍《こお》りついた。

わが胸に、痛みが走った。

――たとえ皆が反対しても、自分が頭を下げて混乱が収まるのなら、それでいい。

実際、私の会長辞任は、避《さ》けられないことかもしれない。

また、激しい攻防戦《こうぼうせん》のなかで、皆が神経《しんけい》をすり減らして、必死に戦ってきたこともわかっている。

しかし、時流とはなんだ！　問題は、その奥底《おうてい》の微妙《びみょう》な一念ではないか。そこには、学会を死守《ししゅ》しようという闘魂《とうこん》も、いかなる時代になっても、私とともに戦おうという気概《きがい》も感じられなかった〉

行間《ぎょうかん》から、怒りと無念が噴《ふ》き出るような文章が続く。

〈宗門は、学会の宗教法人を解散させるという魂胆《こんたん》をもって、戦いを挑《いど》んできた。それを推進したのは、あの悪名《あくめい》高き元弁護士たちである。

それを知ってか知らずか、幹部たちは、宗門と退転《たいてん》・反逆者《はんぎゃくしゃ》の策略《さくりゃく》に、完全に虜《とりこ》になってしまったのである。

情けなく、また、私はあきれ果てた。

戸田会長は、遺言《ゆいごん》された。

「第三代会長を守れ！　絶対に、一生涯《いっしょうがい》、守れ！　そうすれば、必ず広宣流布《こうせんるふ》できる」と。

この恩師の精神を、学会幹部は忘れてしまったのか。

なんと哀《あわ》れな敗北者《はいぼくしゃ》の姿よ。

ただ状況に押し流されてしまうのなら、いったい、学会精神はどこにあるのか！〉

『人間革命』第十巻の末尾に記した通り、池田はまさに、学会精神の衰弱に直面していたのである。

◇

牧口の時代から学会と宗門の歴史を知る辻武寿は、晩年になっても、池田の会長辞任について、「本当に申し訳ないことをしてしまった。悔《く》やんでも悔やみきれない」と述懐《じゅっかい》した。

現会長の原田稔は語る。

「あのとき、一〇〇〇万の会員をリードすべき学会本部が、内外で蠢《うごめ》いた『師弟分《ぶん》断《だん》』の工作に引きずられた。そして結果として、広宣流布の大師匠である、池田先生を守ることができなかった……。どんな時代になろうとも、どんな状況になろうとも、『師弟』という一点だけは、変わってはならない。断じて守り抜かねばならない」

この歌とともに

師と弟子の絆は、容易に断《た》ち切ることはできない。

第一次宗門事件の最中、三重研修道場に池田会長を迎え、文化合唱祭が開催された

（一九七八年＝昭和五十三年四月二十三日）。婦人部は愛唱歌「今日《きょう》も元気で」を歌うことに決めた。「私たちは負けないという心意気を、池田先生に届けよう」。吹き荒れる嵐にひるまず、婦人部員たちは練習に励んだ。

◇

一九六八年（昭和四十三年）に誕生した「今日も元気で」は、婦人部に限らず絶大な人気を誇る学会歌だ。

「あかるい朝の　陽《ひ》をあびて
今日も元気に　スクラムくんで
闘《たたか》うわれらの　心意気《こころいき》
うれしい時も　かなしい時も
かわす言葉は　先生　先生　われらの先生」

この歌はアメリカ、ブラジル、韓国などでも日常的に歌われる。

「合唱祭の二日前でした。学会本部から、〝合唱祭には正宗《しょうしゅう》の僧侶も来賓《らいひん》で招待しているから、婦人部は『今日も元気で』を歌わないように〟との通達《つうたつ》が来たのです」

宗門は「今日も元気で」を嫌《きら》っていた。大分のある婦人部員は、僧から直接自宅に電話があり、「なんだ、あの歌は！」と、「今日も元気で」を罵倒《ばとう》されたことを覚えている。

中部婦人部のリーダーたちは、「なぜ！」と激怒《げきど》した。

「僧俗和合」のための判断であることはわかっている。しかし、これぱかりは譲《ゆず》れなかった。

◇

この歌とともに生きてきたのだ。

この歌とともに勝ってきたのだ。

「信じていた宗門に裏切《うらぎ》られ、耐《た》え忍《しの》ぶ苦しさは、現場にいないとわかりません。一番苦しい時でした。そんな中、創価学会の会合で、師匠である先生をお迎えして、一番好きな学会歌を歌って、なにが悪いのか！　そう叫びたい思いでした」

結果的に、当日は池田と妻の香峯子《かねこ》が見守るなか、「今日も元気で」を歌えることになった。

「歌えなかったら、今も後悔していたと思う」「皆の心の支えになりました」と当時の婦人部員たちは振り返る。宗門事件の渦中《かちゆう》、僧の前で堂々と「今日も元気で」を歌った歴史は、今も三重の同志の語りぐさとなっている。

池田に随行していたシナノ企画のカメラマン・宮﨑悟。合唱祭が始まる直前、池田から「この合唱祭は、映画にして残そう」という提案があった。「カメラは一台だけ。会場中を駆《か》けずり回りました」と笑う。ファインダー越しに、皆の喜びの顔、顔、顔を追った。その映像は「友よ歌おう功徳の春を」という作品に収められた。

◇

池田は会長職にあったから慕《した》われたのではない。会長職を辞《じ》し、名誉会長となってからも、学会員と池田との絆は揺《ゆ》るがない。第一次宗門事件は、まさにその原点となっていくのである。

「チェンジ」こそ学会のキーワード

「池田会長は、学会員とのコミュニケーションの道を強くつくってこられた。この師弟のつながりこそ、学会の強さの源《みなもと》です」

社会学者の塩原勉は強調する。

「個々の会員にとって、宿命を転換する『人間革命』。生活を幸せにする『社会革命』。この二つの革命を一体化するものは、池田会長と学会員の強い結束《けっそく》をおいてほかにはありません」

さらに宗門との関係についても明快に語る。

「（米元大統領の）オバマ流儀《りゅうぎ》でいえば、『チェンジ』こそ創価学会のキーワードです。宗門事件は、まさに『伝統と近代化の間で苦しんだ歴史』だと思います。これはチェンジに背を向ける宗門と、チェンジを志向《しこう》する学会との間で、生《しょう》ずべくして生じた対立であったと受け止めています」

◇

一九七九年（昭和五十四年）四月二十四日。池田は新宿文化会館にいた。夕刻、信濃町の聖教新聞社で行われる、会長辞任の記者会見が迫《せま》っている。

「さあ、時間だね」。五階。エレベーターに乗り込む。池田は周囲の人々に一言、

「ドラマは終わった」

と語った。周りの誰もが、何も答えられない。続けて、

「第二のドラマが始まるよ」。

正面を見据《みす》える池田の表情は、心なしか微笑《ほほえ》んでいるように見えた。

エレベーターの扉《とびら》が閉まった。

その日の夜。十時前に帰宅した池田は、妻の香峯子に、会長を辞めたことを伝えた。

香峯子は、事ここに至った経緯を一切尋ねず、「ああ、そうですか……。ご苦労様

喜びの時も、嵐の時も。夫婦として同志として、歩み続ける（1973年 11月、大阪・交野市） ©Seikyo Shimbun

でした。健康でよかったですね」と池田を笑顔で迎えた。

普段と変わらない家庭の団欒《だんらん》があり、会長辞任の夜は更《ふ》けていった。

この日、池田は日記帳に綴っている。

あまりにも
悔しきこの日
忘れまじ
夕闇《ゆうやみ》せまりて
一人歩むを

また、のちに、苦しい日々を振り返って一句を書き残している。

嵐にも
佛乃《ほとけの》曲あり
夫婦《めおと》かな

ここから、どう仏法を弘《ひろ》めるか。

ここから、どう学会員を守るか。

「四面楚歌《しめんそか》」の四月二十四日。この日から、誰も想像のつかない「反転攻勢《はんてんこうせい》」が始まろうとしていた。

第三章

報道されなかった〝獅子のドラマ〟

その年の春は、例年《れいねん》より早く桜《さくら》が散《ち》った。

一九七九年（昭和五十四年）四月十二日。東京・元赤坂の迎賓館《げいひんかん》。

池田大作は、中国の鄧穎超《とうえいちょう》との会見に臨《のぞ》んでいた。創価学会の会長を辞任する十二日前である。周恩来《しゅうおんらい》の終生《しゅうせい》の同志として、また妻として生きてきた鄧穎超。池田とは前年以来の再会だった。

「革命の闘士《とうし》」の一言

鄧穎超は生前《せいぜん》の周恩来が入院中、医師の制止を振り切って、池田と会見したことを心に刻《きざ》んでいた。「私たちは家族です」と、池田夫妻との再会を喜び、時間が許《ゆる》せば池田の自宅も訪問したい、と希望を語った。

池田夫妻が用意した、心づくしの八重桜《やえざくら》に彩《いろど》られた「朝日の間」。会見は和《なご》やかに終わり、皆、席から立ち上がった。

歩き出す池田と鄧。通訳の洲崎周一《すざきしゅういち》が続く。

池田が、鄧に語りかけた。その言葉を聞いた瞬間。洲崎は、自分の通訳する一言一句《いちごんいっく》が何を意味しているのか、理解できなくなった。

――私は、創価学会の会長を辞《や》めることになりました――

一週間前の四月五日。東京・立川で行われた学会首脳部《しゅのうぶ》との会議で、すでに池田は辞任を決めていた。日蓮正宗《にちれんしょうしゅう》側にも伝えてある。しかし、通訳の洲崎がその経緯《けいい》を知るよしもない。香港《ホンコン》育ちで創価大学出身の洲崎。「あの瞬間、池田先生はきっと冗談《じょうだん》を仰《おっしゃ》っているのだと思った。辞めるという気配《けはい》すら微塵《みじん》も感じなかった」と回想する。

洲崎が訳した言葉を聞き、鄧穎超がピタリと立ち止まった。洲崎は鄧を見た。おかっぱ頭の「中国の母」の顔から、笑《え》みが消えていた。

そこには「革命の闘士《とうし》」が立っていた。

「池田先生、それはいけません」

厳《きび》しい口調《くちょう》で続ける。緊張して通訳する洲崎。

「何より、あなたには人民《じんみん》の支持《しじ》があります。人民の支持があるかぎり、辞めてはいけません」

さらに鄧は付け加えた。

「一歩も退《ひ》いてはいけません」

思いもよらないやりとりで、二人の会見は終わった。

池田はのちに〈自分の進退《しんたい》は自分で決めることであるが、ありがたい言葉であった。断崖絶壁《だんがいぜっぺき》を歩き抜いてきた人の言葉であった〉と振り返っている。

通訳を務めた洲崎。

「鄧穎超先生が、当時の深い背景までご存じだったのかどうか。ただ、『五四《ごし》運動』で周恩来総理と出会い、壮絶《そうぜつ》な『長征《ちょうせい》』を生き抜かれた方《かた》です。『前も敵《てき》でした。後ろも敵でした。毎日、毎日が、そうでした。何十年間、そうでした。私たちは戦いました』とも語られています。

池田先生の言動に触《ふ》れて、直感的《ちょっかんてき》に『この人を退かせてはならない』と思われたのでしょう」

社会部記者の洞察《どうさつ》

会長辞任の当日、池田を直接取材した新聞記者がいる。読売新聞社会部の浅野秀満《ひでみつ》である。

浅野が携《たずさ》わった取材の一つが「金大中事件《キムデジュン》」だ。一九七三年（昭和四十八年）八月、後に韓国大統領《かんこくだいとうりょう》を務める金大中が、白昼《はくちゅう》の東京都内で拉致《らち》された。

一カ月後、浅野は一面トップで、現役の韓国大使館員が犯行に加わった疑惑《ぎわく》をスクープ。のちに韓国政府は、韓国中央情報部《ちゅうおうじょうほうぶ》（ＫＣＩＡ）の組織的犯行《はんこう》だったと認めている。

◇

堅実《けんじつ》な取材で知られた浅野は、『あすの創価学会』や『私の見た創価学会――池田大作と人間運動』を執筆。その後も学会の動向《どうこう》を追ってきた。池田から会長辞任を伝えられた時、「強い違和感《いわかん》」を覚えた。

「四月二十四日午後、新宿文化会館でした。私は一人の記者として、率直《そっちょく》に『おかしい』と申し上げた。創価学会は、あくまでも『信仰』の組織であり、『師弟』の団体です。大企業《だいきぎょう》の社長交代などとは、わけが違う。ましてや池田会長自身に一片《いっぺん》の『不祥事《ふしょうじ》』も、思想的な『転向《てんこう》』もない。なぜ辞めなければならないのか」

浅野は、「たとえば親鸞《しんらん》や日蓮が、『今日で私は引退する』と言っても、周《まわ》りが認《みと》めないでしょう。宗教指導者に引退はありえない」と語る。

「また、ゲーテがある日突然《とつぜん》、『ゲーテであることを辞める』ことなどできない。プラトンを例にしてもいい。長年の取材で私は、池田会長はそういうレベルの人物であると認識していた。社会的にも大きな存在です。何の落《お》ち度《ど》もない池田会長が退《しりぞ》くことを、納得《なっとく》できなかった」

こうした思いは、池田の辞任を報じた浅野の解説記事《かいせつきじ》に表れている。

〈(創価学会は)機構《きこう》も一新《いっしん》されることになるだろうが、池田氏が会長職を辞任したとしても、会員たちの寄《よ》せる信頼や期待に変化が出てくるとは思えない〉(一九七九年四月二十四日付「読売新聞」夕刊)。一記者の洞察《どうさつ》は、事《こと》の本質《ほんしつ》をつかんでいたといえよう。

「池田名誉会長を『先生』と呼ぶな」

学会本部は、宗門と悪徳《あくとく》弁護士・山崎正友らによる切《き》り崩《くず》しに苦しんでいた。

〝名誉会長を「先生」と呼ぶな〟
〝名誉会長の指導を報道するな〟

〝学会で「師弟」を語るな……〟

学会本部に突《つ》きつけられた要求。それは、池田と学会員との間を裂《さ》き、分断《ぶんだん》することが狙《ねら》いだった。聖教新聞の紙面から、池田の動向が消えた。わずかな消息《しょうそく》しか報《ほう》じられなくなった。

◇

では、それによって学会攻撃は収《おさ》まったのか。答えは「否《いな》」である。むしろ事態《じたい》は悪化《あっか》した。会長辞任によって、宗門は増長《ぞうちょう》したのだ。

各地の末寺《まつじ》は「やはりお前たちが間違《まちが》っていたじゃないか」と、いっそう激しく学会員に脱会《だっかい》を迫《せま》り、被害が拡大した。「池田会長が退けば、事態は収拾《しゅうしゅう》する」という考えは、宗門につけ込まれる隙《すき》を生んだのである。

さらに、山崎正友らが週刊誌等に情報を売り、いいかげんなデマが横行《おうこう》する……。

池田は、その時の胸中《きょうちゅう》を例えて、「目の前でわが子が虐《いじ》められているのに何もできない。親としてこんな辛《つら》いことはない。この苦しみは親にしかわからない」と吐露《とろ》している。

「私が動じなければ、それが私の勝利である」

しかし池田は、草創《そうそう》からの功労者宅《こうろうしゃたく》を訪問したり、創価大学・学園の学生たちを励ましたり、一人ひとりとの「直接対話《ちょくせつたいわ》」の道を開いていく。そこに無数《むすう》のドラマが生まれた。

一九八〇年（昭和五十五年）二月十五日、創価大学の八王子寮《りょう》。「戸田先生（戸田城聖《じょうせい》、創価学会第二代会長＝編集部注）はどんな人でしたか」という学生の質問に答えながら、池田は語った。

「私がどんな状況になろうと、私の心の中には戸田先生がおられる。問題は、私がどう戸田先生を思い、生き続けられるかである。どんなことをマスコミに言われようと、私の心の中には先生が生き続けている。地獄《じごく》というも浄土《じょうど》というも、一念《いちねん》で決まる。どんなことを言われようが、私が動《どう》じなければ、それが私の勝利である」

「戸田先生のことを書く。その他のことも書き残しておく。今、私は動くことができないので、書き始める。その中から読み取ってほしい」

中断《ちゅうだん》されたままの、戸田の伝記小説『人間革命』。池田は青年たちと語りながら、その再開の時を待ち、時をつくっていた。

◇

いっぽう、会長辞任後、池田が海外要人《かいがいようじん》と会見する回数は増えていった。宗門事件の対応に追われた七七年（同五十二年）の「七回」、七八年の「十八回」に比べ、辞任した七九年は「四十六回」、翌年は「五十一回」、そして八一年には「一〇〇回」を超えている。役職が変わっても、池田の存在感《そんざいかん》は変わらない。宗門と本部の緊張関係《きんちょうかんけい》を冷静《れいせい》に見つめながら、池田は着実に民間外交《みんかんがいこう》を進めていた。

池田と再会した一人、中日友好協会会長の廖承志《りょうしょうし》。それは会長辞任から、ひと月も経《た》たない七九年（同五十四年）五月十九日のことだった（ホテルニューオータニ）。廖承志は池田に、「再びの中国訪問を心待《こころま》ちにしています」と要請《ようせい》した。

かつて、周恩来と池田の会見にも同席した〝日中友好の同志〟からの申《もう》し出《で》。池田は「明年の訪中《ほうちゅう》実現へ、努力します」と応《こた》えた。熟慮《じゅくりょ》を重ね、日程が決められた。

八〇年（同五十五年）四月二十一日から二十九日。訪問地は北京《ペキン》、広州《こうしゅう》、桂林《けいりん》、上海《シャンハイ》。大阪から出発、長崎へ帰着——池田の「第五次訪中」である。この訪中を突破口《とっぱこう》にして、創価学会全体の「反転攻勢《はんてんこうせい》」へ、大きな一歩が踏《ふ》み出された。

訪中前の、関西入り。役員をしていた那須裕《なすゆたか》は、創価女子学園（現・関西創価学園）で池田が話した、「手負《てお》いの獅子《しし》が立ち上がったんだ」という一言を忘れられない（四月十九日）。そして訪中の直前。九州総合長の吉橋侃《よしはしあきら》は、池田から届いた伝言を聞き、思わず武者震《むしゃぶる》いした。
「（訪中の）帰りに、九州へ寄《よ》るよ」

◇

第五次訪中の成果《せいか》は目覚《めざ》ましいものだった。訪中団はわずか十三人である。池田は北京大学で「新たな民衆像を求めて」と題して記念講演。全国紙も〈日本人で初めて北京大名誉教授に〉（朝日新聞）等と報じた。江青《こうせい》ら「四人組《よにんぐみ》」を逮捕《たいほ》し、文化大革命を終わらせた党主席・華国鋒《かこくほう》との会見は四月二十四日。会長辞任からちょうど一年の節目だった。
鄧穎超や作家の巴金《ぱきん》、謝冰心《しゃひょうしん》とも再会を喜び合った。旅程を終えた一行を乗せた日航《にっこう》七八八便は、上海の虹橋《こうきょう》空港から長崎へ飛び立った。

「獅子《しし》が来たんだ。もう心配するな」

その日、長崎空港の上空に虹《にじ》がかかった――四月二十九日午後四時三十五分。

展望デッキには、「祝　大成功　創価学会第5次訪中団」という横断幕《おうだんまく》が掲げられている。整理役員の高田徳一が、長崎文化会館から運んだ。佐賀の同志も「先生おかえりなさい」との横断幕を持参《じさん》していた。

空港に集《つど》った大半《たいはん》が、正式な連絡は受けていない。本当に今日なのかもわからない。約一五〇〇人が池田の帰国を待っていた。その多くが「あの虹はきれいだった」と覚えている。

しかし、長崎県長の梅林二也は、美しい虹にまったく気づかなかった。「池田先生は無事《ぶじ》、到着《とうちゃく》されるか」――空港の一階で、飛行機を凝視《ぎょうし》していた。

タラップ。人影が見えた。池田の姿が視界《しかい》に入る。目の前のフェンス。握《にぎ》りしめる。あちこちから沸《わ》き起こる歓《よろこ》びの声。梅林は声も出せない。すぐ後ろで、感極《かんきわ》まった婦人部員が発した、

「池田先生が、動《うご》いとらす（動いておられる）」

という声の響《ひび》きが、今も耳朶《じだ》から離《はな》れない。むせび泣く梅林は、空港で池田から「獅子が来たんだ。もう心配するな」と励《はげ》まされている。

「長崎空港を擁《よう》する大村の地は、まさに宗門によって苛《いじ》め抜かれた地域です。ここから、会長辞任後、初の本格的な地方指導が始まった。それがうれしくて……」と語る。

©Seikyo Shimbun

車に乗り込む池田を目にした、役員の東別府《ひがしべっぷ》忠。「はつらつと、跳《は》ねるように車に乗られる姿が印象的《いんしょうてき》だった。一挙一動《いっきょいちどう》が素早《すばや》かった」。

◇

長崎文化会館に居合《いあ》わせたメンバーを激励した後、池田は長崎グランドホテルで訪中報告の記者会見をした。西日本新聞、長崎新聞をはじめ、朝日、毎日、読売、共同など各社《かくしゃ》が揃《そろ》い、NHKほか数台《すうだい》のテレビカメラも入った。

この時、池田を取材した全国紙記者の一人は、「どれほど偉ぶった人かと思っていたが、気さくに語りかけてくれた。温かく、心を開いてくれた。イメージが変わった」と振り返る。

「福岡、関西、中部へ」——異例の予告記事

長崎での宿泊先《しゅくはくさき》である稲佐山《いなさやま》観光ホテル。翌日付の聖教新聞に載《の》せる、帰国報道《きこくほうどう》の原稿が届けられた。

第５次訪中を終え、長崎空港に降り立った池田を、地元の友が佐賀のメンバーとともに横断幕を掲げて迎えた（1980年4月29日、大村市）

池田の報道は制限されていたが、例外として〝海外での動向は報じてよい〟となっていた。事実、聖教新聞では、「第五次訪中」の模様《もよう》を大きく、詳細《しょうさい》に報道している。

上海から長崎に到着したこの日は、〝報道規制《きせい》〟がかかる境界線《きょうかいせん》だった。池田は記者の白井昭たちと相談した。

翌日の聖教新聞一面。帰国報道の末尾《まつび》に、通常《つうじょう》では考えられない一文が載《の》った。

〈なお、池田名誉会長は、長崎のあと福岡、関西、中部の会員の激励・指導に当たる予定になっている〉（一九八〇年四月三十日付）

異例《いれい》の〝予告記事《よこくきじ》〟である。「何があろうと、私は学会員と会う」という池田の決意が滲《にじ》んでいる。宗門の圧力《あつりょく》やその後の影響など、万事《ばんじ》を考え抜いた末、同志に発《はっ》した、ぎりぎりの〝メッセージ〟だった。それ以降の池田の動きは、ほとんど聖教新聞に掲載《けいさい》されていない。しかし、報道されなかった、この日から約二週間のドラマこそが、「どんな障害《しょうがい》も、師と弟子の絆《きずな》は崩《くず》せない」ことを証明《しょうめい》していくのである。

列車の座席が〝臨時本部〟に

四月三十日。福岡への移動日である。宿泊先には早朝《そうちょう》から学会員が集まっていた。出発した池田。駅への途上《とじょう》で、稲佐山の功労者宅を訪れて母親を励ますなど、最後まで会員との対話を重ねている。

婦人部の藤岡艶子《つやこ》。「もしかしたら」と、長崎駅に向かった。特急「かもめ8号」。見送りに来た学会員が鈴《すず》なりになっている。「お元気な池田先生にお目にかかれて……」と藤岡は回想する。池田は、集まった人に中国で買ってきた切手などを、子どもには「知恵《ちえ》の輪《わ》」を渡すよう、矢継《やつ》ぎ早《ばや》に指示《しじ》していた。

◇

諫早《いさはや》、肥前鹿島《ひぜんかしま》、肥前山口《やまぐち》、佐賀、鳥栖《とす》、博多まで、すべての停車駅《ていしゃえき》に学会員が集まっていた。池田の福岡行きは、すでに新聞報道されている。駅や公共機関《こうきょうきかん》に迷惑《めいわく》をかけてはいけない。かつ絶対《ぜったい》に無事故《むじこ》で進めなければならない――役員たちは、各

福岡に向かう列車で。13時30分・長崎駅から、15時58分・博多駅まで、各駅に集ったメンバーや同行の友を励まし続けた
（1980年4月30日、長崎駅）　©Seikyo Shimbun

駅のホームが列車の左右《さゆう》どちらなのか、次の駅に何人来ているか、万全《ばんぜん》の連絡《れんらく》態勢《たいせい》を敷《し》いて、移動に臨《のぞ》んだ。

しかし、ホームまで来たものの、柱の陰《かげ》や、遠くから見つめる学会員も多かった。

この数年、「池田を『先生』と呼ぶな」「『師弟』を語るな」と強《し》いられ、脅《おど》され続けてきた。

「池田先生にはお会いしたい。しかし、また宗門から責《せ》められる。先生に迷惑がかかるのではないか」。多くの同志が葛藤《かっとう》を抱《かか》えていた。

池田は到着駅ごとに、席を右に移り、左に移り、手を振って学会員に応え、中国の絵葉書《えはがき》やお菓子を贈る。

「あの柱の左側のおばあちゃん、懐《なつ》かしいな。中国のお土産《みやげ》を差し上げて」等々、個《こ》別《べつ》にも指示が飛ぶ。長崎から福岡へ、約二時間半――池田が座った特急「かもめ8号」四号車「8D」の席の周囲は、〝臨時本部《りんじほんぶ》〟の様相《ようそう》を呈《てい》した。

◇

四月三十日夕刻。福岡の九州文化会館。午前からの小雨《こさめ》は止《や》み、晴れ間が広がっている。はす向かいにある公園の木陰《こかげ》から、何人かが、池田の到着を見守っていた。

「池田先生」と呼ぶことすら遠慮せざるを得ない雰囲気は、全国の組織を覆《おお》っていた。その〝よどんだ空気〟を打ち破った一人は、福岡の婦人部員だった。

澤田あや子は九州文化会館へ向かった。「物怖《ものお》じしない性格だから、あんなことができたんですね」と振り返る。

到着した池田。しばらくして外に出て来て、集まった同志に手を振った。母、姉と一緒に駆《か》け寄《よ》る澤田。「池田先生。目標にしていた料理店《りょうりてん》を、無事《ぶじ》に開店できました。ぜひお越しください！」。一気にまくし立てた。

池田は「必ず行くからね」と応《おう》じ、早速、翌日には澤田の店で、女子部、鼓笛隊《こてきたい》ら二十一人を招いて昼食会《ちゅうしょくかい》を開いている。

九州婦人部総主事の阿曾沼仁子は、「あの時、九州から壁を破った。それが私たちの誇《ほこ》りです」と語る。

◇

五月一日。午前五時ごろから、会館に続々と学会員が集まってきた。周辺の整理役員だった佐藤政春。「これでは対応しきれない」と困惑していた。しかし池田は、「学会員を追い返す資格《しかく》などないよ」と諭《さと》した。

「会長辞任から一年、思うように同志に会えないなか、いよいよ始まった激励行《げきれいこう》でした。学会員を思う師の心を、十分に汲《く》み取れていなかった」と佐藤は省《かえり》みる。

池田は訪ねて来た会員たちと次々に〝予定外の記念撮影〟を。その数は、福岡でわかっているだけでも五十回近い。

「信心の炎《ほのお》を消してはならない」

福岡県本部長会（五月一日）には、宗門に最も苦しめられた大分の代表も駆けつけた。

別府《べっぷ》――第一次宗門事件《しゅうもんじけん》の始まりの地ともいわれる。荒木明男が寺の異変《いへん》を感じたのは、一九七六年（昭和五十一年）の年末だった。学会の会館より、寺のほうが大きかった。必然的《ひつぜんてき》に、寺で会合を開くことに。住職は「講義」と称《しょう》して青年部を集め、「学会は謗法《ほうぼう》だ。傲慢《ごうまん》だ」と吹《ふ》き込《こ》んでいた。「分断」の始まりだった。

「本当はあの時のことは、思い出すだけで苦しい。話したくないんです」。地区担当員だった大川アヤ子は声を詰《つ》まらせる。

地区部長が脱会《だっかい》。学会批判のパンフレットを配って歩いた。市の行事である「温泉《おんせん》まつり」に出演した鼓笛隊を「謗法だ」と貶《けな》された。「減《へ》っていく部員さんの名簿《めいぼ》を開くのが辛くて……。地区の同志の方々と共《とも》に、『人間革命の歌』を歌って、歯を食いしばって乗り越えました」。

〈君も立て　我も立つ　広布の天地に　一人立て
正義と勇気の　旗高く　旗高く　創価桜の　道ひらけ〉

――同年七月に発表された「人間革命の歌」（作詞・作曲　山本伸一〈＝池田の筆名〉）。「衣《ころも》の権威《けんい》」が荒《あ》れ狂《くる》うなか、同志の心を明るく照らす歌だった。

◇

本部長会の折、大分の友は池田と、ロビーで記念撮影をしている。

「先生！　どうか、大分に来てください」。涙ながらに訴《うった》えた。黙《だま》ってうなずく池田。

一年半後、念願の「大分指導」が実現する。

この福岡県本部長会で池田が語った、

「広宣流布《こうせんるふ》の旗《はた》」を決しておろしてはならない
「折伏《しゃくぶく》の旗」をおろしてはならない
「一生成仏《いっしょうじょうぶつ》の信心の炎《ほのお》」を消してはならない

との訴えは、九州創価学会の原点となっている。

九州平和会館を囲んだ人の波

この日、「入場券を持っていたのに参加できなかった」人がいる。総九州長の山本武である。当時、大分創価学会の書記長だった。五月一日、山本は大分にいた。「〝地元の坊主《ぼうず》が、学会員の地方議員に脱会をそそのかした〟との急報《きゅうほう》が入ったんです」。激怒した山本は、寺に乗り込んで大論争。「そのせいで参加できなかった」と悔《くや》しがる。

夜更《よふ》けまで、「信教《しんきょう》は自由だ。しかし、聖職者《せいしょくしゃ》にとって信徒は『目的』ではないか。

その信徒を自分の『道具』にするな！」と抗議《こうぎ》し、一睡《いっすい》もせずに福岡へ向かった。

五月二日朝。山本は、九州平和会館で出発の時間を待つ、池田のもとに飛び込んだ。管理者室《かんりしゃしつ》。池田は縁側《えんがわ》で一人、窓の外を眺《なが》めていた。

振り向いて、開口一番《かいこういちばん》「疲《つか》れただろう」とにっこり笑った。「私も以前、立川で（僧たちと）六時間、話したんだ」。

僧俗和合《そうぞくわごう》に心血《しんけつ》を注いできた池田だった。「六時間……」。僧の傲慢に対する怒りを、師匠に伝えようと意気込《いきご》んでいた山本。立ったまま二《に》の句《く》が継《つ》げなくなった。「血気《けっき》にはやる弟子の思いをすべて汲んで、励ましていただいたのだと思います」。

◇

福岡空港へ向かう時間が迫《せま》る。九州平和会館で池田は、会いに来た大勢の学会員と、何回にも分けて記念撮影をしていた。出発の寸前《すんぜん》まで激励を続けた。

同会館の管理人《かんりにん》を務めていた丸岡善治らは、「先生にも召《め》し上がっていただこう」と、日本蕎麦《そば》を準備《じゅんび》していた。しかし道が混雑して、その蕎麦が届かない。

「仕方なく、会館警備の牙城会《がじょうかい》が夜食《やしょく》で食べる、カップ麺《めん》を皆で食べるしかないか……あの時は冷《ひ》や汗《あせ》をかいた」と丸岡は苦笑《にがわら》い。出発直前に日本蕎麦が到着。池田は、岡持《おかもち》で蕎麦を運んだ川内雅子らの真心に感謝して箸《はし》をとった。

まもなく空港に向かった池田。上空《じょうくう》を飛ぶ機影《きえい》を丸岡や山本たちが見送ったのは、正午前である。

飛行機は、大阪国際空港を目指《めざ》して飛んだ。〝変化の風〟が、列島の西から吹《ふ》き上《あ》がりつつあった。

「皆さんがいたからこそ」

翌日、一九八〇年（昭和五十五年）五月三日の大阪は快晴《かいせい》だった。五月三日は、戸田城聖が第二代会長に就任し（一九五一年）、また池田が第三代会長に就《つ》いた（一九六〇年）記念日であり、〝創価学会のお正月〟ともいわれる。この日から五日間、前月末に落成《らくせい》したばかりの関西文化会館（大阪・天王寺区）で、数々の会合が予定されていた。長崎、福岡での様子を聞いたのか、大阪では、さらに多くの人々が関西文化会館周辺に押《お》し寄《よ》せた。

「国鉄《こくてつ》の鶴橋《つるはし》駅から会館まで、朝から晩《ばん》まで人の流れが途切《とぎ》れることがありませんでした」（峯山益子）

◇

十時四十二分、池田は関西文化会館に到着。十四時十分までの三時間以上、礼服《れいふく》に着替《きが》えた以外、休憩《きゅうけい》の記録がない。昼食《ちゅうしょく》をとったかどうかも不明《ふめい》。残っているのは〝予定外の記念撮影〟の膨大《ぼうだい》な記録である。

数人と肩《かた》を組んでいる写真もあれば、数十人の写真もある。撮《と》り終わったら、直《ただ》ちに役員が即席《そくせき》の住所カードを配る。後で写真を全員に贈るためだ。そのカードを配るのが追いつかないほどのスピードで、池田は動き続けた。関西滞在中《たいざいちゅう》、こうした記念撮影だけで「一二〇回」近い。その前後に直接語り合った人数は数え切れない。

◇

この五月三日、西紋《さいもん》康樹は、関西文化会館で創価班(=会合を運営する男子部のグループ)として着任していた。本会場《ほんかいじょう》の関西文化会館と同じ敷地内《しきちない》に立つ、「別館《べっかん》」の門扉《もんぴ》の担当だった。

十三時からの記念勤行会が、もう始まっている。「そろそろ、池田先生も本会場に入られるころだな、と思っていた時でした」。

「先生が来られる!」と耳にするが早いか、池田が足早に近づいてきた。門扉の外に目をやる。入りきれなかった学会員があふれかえっているのが見えた。

池田は西紋に「門扉を開けてあげなさい」と言った。仰天《ぎょうてん》した。もう、入る場所がない。「いいんだ。この広場で、写真の準備を」と周りに伝えながら池田は再度《さいど》〝開けて!〟と両手で大きなジェスチャーを。

西紋は門扉を思い切り開けた。大喜びで数十人が会館の敷地内へ。「何の人だかりやろ」と覗《のぞ》いていた、通りすがりの婦人まで一緒《いっしょ》に入ってきた。池田は構《かま》わず握手《あくしゅ》し、全員とカメラに納まった。「視界《しかい》に入った人は、すべて励まさずにはおかない」勢いだった。

創価班とも記念撮影。振り向きざま、池田は「牙城会!」と叫《さけ》び、手招《てまね》きをした。牙城会は会館警備《かいかんけいび》を担当する男子部のグループである。別館の警備室にいた山本英敬。「慌《あわ》ててしまって、他人の靴《くつ》を履《は》いて飛び出した」と笑う。フィルムには、勇《いさ》んで集まった数人が、池田の隣《となり》で緊張《きんちょう》している様子が写っている。

◇

いよいよ本会場の関西文化会館に向かうと思いきや、池田は、「別館の中に入ろう」

と言った。別館は、音声中継《おんせいちゅうけい》の第二会場になっていた。まったく予定外《よていがい》の行動である。慌《あわ》てた周囲から、「別館には入れません」と報告が入った。

「なぜだ」

入場整理券《にゅうじょうせいりけん》がないまま押し寄せた人々を別館に誘導《ゆうどう》したため、すべての部屋が人であふれているという。

池田は「だから行くんだよ。非常階段《ひじょうかいだん》があるだろう」。建物に外付《そとづ》けされている非常階段に向かった。そのまま、カッ、カッ、カッと階段を上る池田。妻の香峯子《かねこ》が続く。

誰かが気づいた。「あ！　鍵《かぎ》が開いてへん！」。非常階段の鍵は内側からしか開かない。とにかく、中から開けるしかない——その場に居合わせた運営役員の高田誠治たち数人が、一目散《いちもくさん》に別館へ走り込んだ。

別館の中は、人の波《なみ》、波、波。どうやって参加者をかき分けて前に進んだのか、覚えていない。非常階段は、三階の常勝会館《じょうしょうかいかん》につながっている。もみくちゃになりながら、高田たちは常勝会館の入り口にたどりついた。かろうじて須弥壇《しゅみだん》の前が通れる。下手《しもて》から上手《かみて》へ、猛《もう》ダッシュで横切《よこぎ》った。

「何事か」と首を伸《の》ばす場内《じょうない》の人々。数秒後、非常口《ひじょうぐち》の鍵が開いた。

◇

池田が入場した瞬間、場内の人々は何が起きたのかわからなかった。

その場に居合わせた兼次春美《かねし》。「入場券がないと会館に入れない」と聞いていた。その券を持っていなかった。でも、女子部の仲間四人で、とにかく関西文化会館にやって来た。「別館で会合の音声が聞ける」と教えてもらい、常勝会館へ。後ろの方に座ったことを覚えている。

「前の右側の扉《とびら》から、池田先生が手を挙《あ》げて入ってこられたんです」

一瞬《いっしゅん》の間《ま》を置いて、大歓声があがった。全員の熱気《ねっき》が、池田の一身に集まる。どよめきと拍手で建物が揺《ゆ》れたように感じた。静まらない。耐《た》えて、耐えて、耐えて迎えた五月三日だった。「たとえ先生に会えなくてもいい」と、関西各地から集まった最前線に立ち続けてきた、無名の人々である。

マイクを持った池田は、感謝を述べ、一言あいさつした。

「入場券がないのに、遠くからわざわざ駆《か》けつけてくださった。皆さんがいてくれたから、今の創価学会がある。皆さんが仏《ほとけ》なのです。陰の人こそ勝利者です。王者です。皆さんを送り出してくれた家族や地区の方にも、よろしく」

男子部代表の音頭《おんど》で万歳三唱《ばんざいさんしょう》を行い、池田は常勝会館をあとにした。わずか数分。しかし、参加者にとって、永遠《えいえん》に残る数分となった。

池田はゆっくりと非常階段を下りた。

「五月晴《さつきば》れだな」。抜けるような青空を仰《あお》ぎながら、妻の香峯子とともに本会場へ向かって歩き始めた。

◇

この日、池田は力強く、〈五月三日〉と大書《たいしょ》した。そしてその脇に、

©Seikyo Shimbun

〈此《こ》の日は わが学会《がっかい》乃《の》原点《げんてん》也《なり》〉と記《しる》している。

◇

五月四日から八日にかけて、池田は二十を超える行事に出席。七日は、予定に

「5・3」記念勤行会の開始前、入場整理券のない友が待つ関西文化会館「別館」へ。まさかの出会いに、大歓声があがった(1980年5月3日、大阪市)

ない「自由勤行会」が二度開催され、質問会も行《おこな》っている。

それら数々の会合で、池田がどのような話をしたのか、報道されていない。

五月五日、関西女子部の部長会の直後、参加者がシナノ企画のインタビューに答えた音声が残っている。入会四年目だった原田和美と小西みつ子の姉妹は、さっき聞いたばかりの池田の話を、こう要約《ようやく》している。

「この会合に苦しみながら来ている人もいるかもしれない。重たい気持ちで集《つど》った人もいるかもしれない。私自身も、本当に悩《なや》みがあり、重たい気持ちの時もありました。どうか、人の苦しみのわかる人になってほしい」

「親が信心していない人は、親孝行していこう。今まで親に育ててもらったのだ。感謝と尊敬の念をもって、接していこう」

「私が会うまで、一人も帰してはならない」

五月六日。連日の激励でのどを痛めた池田は、救護《きゅうご》の部屋を訪れた。

救護役員の亀田陸子。「蒸気《じょうき》を吸入《きゅうにゅう》されながら、寸暇《すんか》を惜《お》しむように色紙を書かれ、居合わせた人々を激励される様子を目の当《まあ》たりにしました」。

その色紙に、池田は綴《つづ》った。

一生《いっしょう》は夢《ゆめ》

信心の炎のみが実《じつ》

愛する関西の女子部のために

◇

五月九日。愛知の中部文化会館には、空前の勢いで人が詰《つ》めかけた。池田が出席した臨時《りんじ》の「自由勤行会」は、少なくとも午前中に五回、午後に六回行われた記録がある。

人の流れが止まらない。運営本部に、「地下鉄の名城公園駅《めいじょうこうえん》の出口から、名城公園を通って中部文化会館まで、延々《えんえん》と列ができている」との一報《いっぽう》が入り、誰もが耳を疑《うたが》った。到底《とうてい》、会館に入りきらない。あまりの人数に、東京から来た幹部は勤行会を打ち切ろうと提案《ていあん》した。しかし、池田は言下《げんか》に否定《ひてい》する。

「私が呼んだ方々だ。私が会うまで、絶対に一人も帰《かえ》してはならない」

執念《しゅうねん》の一言だった。

中部総主事を務めた大野和郎をはじめ、中部の最高幹部たちは会館の外へ飛び出した。待っている学会員に事情を説明するためである。

「後にも先にも、あんなことは一度もなかった。先生にご迷惑《めいわく》をかけ、申し訳なかった。ただ、中部にこれだけ熱い師弟の絆があることを、誇らしくも思いました」と、中部参事の牧野洋一郎は恐縮《きょうしゅく》しながら語る。

◇

勤行会場の雪山《せっせん》会館だけでなく会議室、応接室など、多くの部屋が学会員で埋まった。池田は、そのすべてを回り、汗《あせ》だくになって記念撮影をし、励ましの声をかけ続けた。

それでも終わらない。夜の十時前後、屋外《おくがい》の階段で待つメンバーのもとに池田が歩み寄る。

「先生！」と声が起きかけるが、「シーッ、静かにするんだよ」と、池田自ら近隣《きんりん》に配慮し、列の整理《せいり》をして、記念撮影する一幕《ひとまく》もあった。すべてが終わったのは午後十一時前だった。

中部滞在中《たいざいちゅう》の記念撮影は、「一〇〇回」を優《ゆう》に超えている。のちに池田は、この時を振り返って語った。

「（会長辞任の際に）全国の方々から十万通を超える手紙や電報《でんぽう》をいただいた。そうした方々へお礼を申し上げたいこともあり、この中部の地を訪れ、自由勤行会を開催することになったわけである。関西でも七、八万人の方々がこられたが、中部では五万人から六万人の会員の方々が集ってこられた」

滞在日数から考えて、中部の人数は驚くべき数字である。

励ましの旅は終わらない。五月十日、「聖教写真展」のテープカットを終えた池田は、岐阜《ぎふ》に移動した。

◇

五月十一日。岐阜の婦人部長だった石崎信子。功労者である大石忠雄宅への訪問の後、「宗門に切《き》り崩《くず》された地域などの実情《じつじょう》を聞いていただきました」。池田はそれらの支部の名前をメモに書き、シャツの胸《むね》ポケットにしまった。その日のうちに、その地域の支部長、支部婦人部長たちへ、激励として中国のお土産が届けられた。

岐阜文化会館での支部長会に出席した池田は、「久々《ひさびさ》に、学会らしい会合だったね」と喜んだ。健気《けなげ》に信心を貫いてきた百歳の老婦人《ろうふじん》（角はる）に、池田が直接カーネーションを渡す微笑《ほほえ》ましい一幕《ひとまく》もあった。

各務原《かかみがはら》文化会館での臨時《りんじ》の「自由勤行会」は、関西の時と同じく、多くの人が集まったため正面から入れず、池田は非常階段から入場した。

◇

五月十二日午後。諸行事《しょぎょうじ》を終え、静岡に向かうため岐阜羽島《はしま》駅に到着してからも、「一目《ひとめ》、先生に会いたい」と駆《か》けつける人々がいた。改札《かいさつ》に入る直前まで激励、懇談。

1980年4月29日から5月12日まで、九州・関西・中部での記念撮影は300回近い。会館に集まった人々、管理者や役員、子どもたちとともに。当時の幹部は〝視界に入った全員を励まされる勢いでした〟と口を揃える
©Seikyo Shimbun

集まった十九人に「羽島グループ」と名付けた。

五月十三日。静岡文化会館でも「自由勤行会」に出席。翌日、池田は大石寺に向かっている。

第五次訪中から、九州、関西、中部――狭《せま》い紙幅《しふく》には収めきれない、まるで春嵐《しゅんらん》のような、約二週間の激励行が終わった。

◇

日蓮正宗の法主《ほっす》・日達《にったつ》は、池田の会長辞任から八十九日後に急逝《きゅうせい》(一九七九年七月二十二日)。その後、阿部日顕《あべにっけん》が猊座《げいざ》に就《つ》いていた。明けて、一九八〇年(昭和五十五年)の六月、学会本部は山崎正友を、恐喝容疑《きょうかつようぎ》で警視庁《けいしちょう》に告訴《こくそ》。宗門と学会を牛耳《ぎゅうじ》ろうとしていた者たちの思惑《おもわく》は、崩れ始めていた。

「私が矢面《やおもて》に立てば済《す》むことだろう」


一人。また一人。また一人。膨大《ぼうだい》な人数と、地道《じみち》な対話を続けるなかで、池田は考え続けていた。

いつ、再開《さいかい》するか。

一九八〇年（昭和五十五年）の七月末。聖教新聞の担当記者に池田は、『『人間革命』の連載《れんさい》を再開したい」と語った。

すでに聖教新聞紙上で、新連載「忘れ得《え》ぬ同志」をスタートすることが決まっていた。池田とともに、茨《いばら》の道を切り開いてきた功労者たちを讃《たた》える随筆である。

担当記者は躊躇《ちゅうちょ》した。

……『人間革命』は池田のライフワークである。それを再開すること自体が、宗門から攻撃の対象になってしまうのではないか……。池田の身を案ずる、弟子の真剣な心だった。

しかし池田は、懸念《けねん》を一蹴《いっしゅう》した。

「私が、批判の矢面《やおもて》に立てば、済《す》むことだろう。そんな批判は、初めから十分、わかっている。それでは、どうすれば今、皆が立ち上がることができるんだ！　やるしかないだろう」

八月十日。『人間革命』第十一巻の連載がスタートする。章の題名は「転機《てんき》」。第十巻の終了から、一二年の月日が経《た》っていた。
◇
連載再開が決まってほどなく、池田は担当記者に言った。

「体調《たいちょう》が優《すぐ》れない。悪いけど、私が口述《こうじゅつ》するから書き取ってくれないか」

一九八〇年は冷夏《れいか》だった。当時、池田は神奈川文化会館、巣鴨の東京戸田記念講堂、立川文化会館、創価大学などを移動しながら、執務《しつむ》を続けていた。疲《つか》れもたまっていた。

その日。狭《せま》い畳《たたみ》の部屋だった。池田は額《ひたい》にアイスノンを置いて、仰向《あおむ》けになっていた。足にはタオルが巻《ま》いてある。

「悪いが、少し待ってくれないか」

十分ほど経って、池田は畳をパーンと叩《たた》き、上体《じょうたい》を起こした。

「さあ、やろう」。資料を見ながら口述が始まる。十分ほど続いた。息が上がってくる。「悪いけど、もう一度、休ませてくれないか」。横になった。また十分ほど経って、畳をパーンと叩く音。

「さあ、続けよう。皆が待っているからな」。再び口述。これが何度となく繰《く》り返される。

池田が休んでいる間に、記者が口述を整理する。その原稿を手渡《てわた》す時、池田の体の熱が伝わってくる。首筋《くびすじ》が腫《は》れ、目は充血《じゅうけつ》し、肩で息をしている……。

「さあ、続けるぞ」。起き上がる。こうした状況のなか、連載が進められた。

◇

第十一巻の連載が始まった八月十日早朝。大阪・住吉区に住む山下ハルコは、自宅前の路上《ろじょう》で聖教新聞の配達を待っていた。家の中で待っていられなかった。一年前、池田の会長辞任をテレビのニュースで知った。「なんでや！ そんなの嘘《うそ》や！」と叫んだ。聖教新聞から池田の指導記事が消えた。納得《なっとく》できない日々が続いていた。

この日の朝。新聞を受け取るや、何度も「人間革命」を読んだ。涙でなかなか読めなかった。再開の喜びを、聖教新聞「声」の欄《らん》に送った。

「お盆休《ぼんやす》みに入った、正午《しょうご》前でした。聖教新聞社から一本の電話がありました。もうびっくり仰天《ぎょうてん》して……」

それは、池田からの伝言だった。

——先生が山下さんの原稿を読まれて、「やっぱり関西だね。ありがたいね。うれしいね。山下さんに御礼《おんれい》の電話をしてください」と伝言がありました——

「私の人生で一番の、忘《わす》れられない日になりました」と満面《まんめん》の笑《え》みで語る。

◇

会長辞任から十三年後に発刊された、単行本『人間革命』第十一巻。その冒頭《ぼうとう》には、次のように記されている。

〈妙法という法則《ほうそく》は、永遠《えいえん》であり、不滅《ふめつ》である。その法を信受《しんじゅ》し、流布《るふ》する創価学会もまた、永遠であり、不滅である。

烈風《れっぷう》をも恐《おそ》れず、豪雨《ごうう》にもたじろがず、吹雪《ふぶき》に胸《むね》張り、われらは敢然《かんぜん》と進む。尊《とうと》き仏子《ぶっし》の使命《しめい》を果《は》たしゆくために、民衆の凱歌《がいか》のために――〉

第四章

師に捧《ささ》ぐ——十二巻の完結

〈私の人生に、戸田城聖《じょうせい》先生という、恩師がなかったとしたら、今日《こんにち》の私は、無《む》にひとしい存在であったにちがいない〉（『人生の恩師』大和書房）

一九二カ国・地域に広がったＳＧＩ（創価学会インタナショナル）。その信望を一身に集める池田大作が、「恩師」と呼ぶ人物。戸田城聖――創価学会第二代会長である。

小説『人間革命』は、第一巻の「はじめに」で明記されているように、弟子である池田が、恩師・戸田の生涯を描いた伝記小説である。

一九六五年（昭和四十年）の連載《れんさい》開始から、幾多《いくた》の波風《なみかぜ》を乗り越え、二十八年の歳《さい》月《げつ》を経《へ》て完結した池田の『人間革命』。その「師弟の物語」の影響は、日本国内に止《とど》まるものではなかった。

本章では、「人間革命」の思想をめぐって生まれた、「人間」と「人間」の力強《ちからづよ》い交流の一端《いったん》を追う。

米軍基地《きち》の祈りの場で

二〇〇八年（平成二十年）五月一日朝。アメリカ海軍横須賀基地《よこすかきち》の一室。マーリン・ヒラタは、やや緊張《きんちょう》していた。

ヒラタは横須賀基地で、通訳・翻訳《ほんやく》に従事《じゅうじ》している。ハワイ出身の学会二世。地元のポート支部では支部長を務める。米軍関係者の多い同支部。本部幹部会などの衛星中継では、ヒラタたち有志《ゆうし》が日本語から英語への同時通訳を手がける。基地内でも、月に二回ほど学会の会合を開く。しばしば未入会の友人も参加する。

そうした地道な活動を知った基地のスタッフが、ある日、ヒラタに声をかけた。

「ミスター・ヒラタ。あなたは仏教者ですね？」

「ええ、そうですが、なにか……」

アメリカには、「ナショナルデー・オブ・プレヤー」（国民の祈りの日）という記念日がある。毎年五月の第一木曜日に、宗派《しゅうは》を超え、国のため、社会のために祈りを捧《ささ》げる日だ。

基地のスタッフは言った。「今年のナショナルデー・オブ・プレヤーに、仏教を代表して参加してくれませんか」。具体的には、「その宗教の教典から、教えの趣旨《しゅし》を表す祈りの言葉などを紹介してほしい」という。

「もちろん！　やりましょう！」。ヒラタは即答《そくとう》した。

◇

しかし、軍人たちの前で、いったいどんな言葉を紹介すればいいのか？　真の祈りとは何か？　通じるのか？……何人かの先輩とも話し合い、頭を悩《なや》ませた。

「祈りの言葉といって、題目や法華経の一節《いっせつ》を読み上げても、残念ながら理解してもらえないだろう」

一つの答えに行き着いた。

「やっぱり、国境を超えて通じるのは、『あの言葉』だと考えたんです」

式典当日。米軍の士官《しかん》クラスを含めて数十人。基地司令官《しれいかん》も列席《れっせき》している。

キリスト教やユダヤ教等の人々とともに仏教者が祈りの場に立つ——横須賀基地始まって以来のことだ。

「彼は何を言うのだろう」。集まる視線のなか、ヒラタは淡々と語った。

「一二〇〇万人の仏教徒のリーダーである池田大作は、語っています。『一人の人間における偉大な人間革命は、やがて一国の宿命《しゅくめい》の転換《てんかん》をも成《な》し遂《と》げ、さらに全人類

SGI発足の大会に集まった同志を激励。池田はこの時、「自分自身が花を咲かせようという気持ちでなくして、全世界に妙法という平和の種を蒔（ま）いて、その尊い一生を終わってください。私もそうします」という歴史的なスピーチをした（1975年1月、グアム）　©Seikyo Shimbun

の宿命の転換をも可能にする』と」

　ヒラタが選んだのは、小説『人間革命』の主題《しゅだい》だった。

　式典が終わった。キリスト教の聖職者《せいしょくしゃ》が、興《こう》奮《ふん》した面持《おもも》ちでヒラタのもとに駆《か》け寄《よ》った。

「仏教徒が参加するなんて、初めてのことだ。しかも、あのイケダという人の言葉は素晴らしい。初めて聞いたよ。ベリー・リフレッシング（とても清々《すがすが》しい）！」

◇

ヒラタには人生の原点がある。

一九七五年（昭和五十年）一月二十六日。ハワイ大学の学生だったヒラタは、グアムで行われたＳＧＩ発足の場に駆けつけている。運営役員として参加者の荷物運びなどを手伝った。

五十一カ国・地域――世界中から集まった参加者の荷物の山。次々に雑用《ざつよう》をこなす。目の回る忙《いそが》しさで、ついに会場に入れなかった。池田会長にも会えず、声すら聞けなかった。

「でも」とヒラタは言う。「池田先生を求めて駆けつけた、何十という国々のメンバーの笑顔！　あの素晴らしい笑顔を、私は忘れることができない。あの日、私は『池田先生とともに生きよう』と誓《ちか》ったんです」。

二〇〇九年、二〇一〇年、二〇一一年と引き続き要請《ようせい》を受け、基地内の祈りの場に立った。「本当に信頼を深めていくことができるかどうか。これからです」。

「歴史に現れぬ人物を発掘し、学べ」

ヒラタの原点となった、グアムでのSGI発足。その席上、インドから一通の祝《しゅく》電《でん》が届いた。

〈人間が、今後、生存《せいぞん》しうるとするならば、それは人間自身の思想の変革《へんかく》によらなければなりません……世界平和のための唯一《ゆいいつ》の方途《ほうと》は、仏法の原理、そして非暴力《ひぼうりょく》の理論であるべきです。私は、この会議の大成功を祈ります〉

送り主の名はプロサント・パール。敗戦後の日本で、二年半にわたって行《おこな》われた極東国際軍事裁判《きょくとうこくさいぐんじさいばん》――いわゆる東京裁判――の裁判官として名高い、パール判事の長男である。パール判事は東京裁判で、被告全員《ひこくぜんいん》の無罪《むざい》を訴え、原爆投下《げんばくとうか》は戦争犯罪であるとの反対意見書《はんたいいけんしょ》を提出した。アメリカ占領下《せんりょうか》の日本での、勇気ある発言である。

パールの子息とSGIを結びつけたきっかけは、小説『人間革命』だった。

◇

一九六九年(同四十四年)三月八日。広島で四つの大学会が結成された(山口大学、島根大学、広島商科大学〈現・広島修道大学〉、下関市立大学）。その折、池田は三十人ほどの学生部員との懇談会《こんだんかい》で、「学生の使命」について語っている。

「歴史の上に今まで現れていない人で、功績《こうせき》のあった人を発掘して、その偉大さを証明するのが学徒の役目ではないか。私が小説『人間革命』の中でパール博士のことを書いたのも、こういう理由からです」

参加した学生たちは、「歴史の闇《やみ》に埋《う》もれそうな人物に光を当てようという執念《しゅうねん》が伝わってきた」と回想する。

池田は続けた。「私は二十歳すぎの頃、軍事裁判で、彼（＝パール）が最も公平であったと感じた。だから、いつか宣揚《せんよう》したいと考えていた」。

◇

しかし、「パール判決書」の全容《ぜんよう》が日本で発刊されたのは、裁判終了から十八年も経《た》った、一九六六年（昭和四十一年）六月である。

池田はその「時」を逃さなかった。

わずか半年後の同年十二月、『人間革命』第三巻「宣告《せんこく》」の章を連載開始。同章の大部分を使って、東京裁判の意義を論じた。

「パール判決書」は、国際法《こくさいほう》を逸脱《いつだつ》して裁判を「復讐《ふくしゅう》の道具」にした戦勝国を批判。

文明に名をかりて、勝者が敗者を裁《さば》くことは、公正《こうせい》な裁判とは言えないという、当然の道理を訴《うった》えた。同時に日本軍の「残虐行為《ざんぎゃくこうい》」の数々も断罪《だんざい》している。『人間革命』では、その論旨《ろんし》を全面的に紹介し、パールの言論戦を〈人類史上に、永久に記憶されるべき正義の戦い〉（第三巻「あとがき」）と讃《たた》えたのである。

響《ひび》き合う平和思想

なぜ、あえて東京裁判を論じたのか。池田は端的《たんてき》に述べている。〈あのような未曾有《みぞう》の惨禍《さんか》を生んだ世界大戦の後始末《あとしまつ》が、どのように行なわれたかに思いを致したかったからである〉（「宣告」の章）と。

それは、青春時代を戦争の灰色《はいいろ》で塗《ぬ》り込《こ》められた池田にとって、極めて自然な問題意識だった。池田自身《じんち》も、東京裁判について〈人智を尽《つ》くした拙劣《せつれつ》な一つの決算書〉（同章）等と、厳しい評価を下《くだ》している。

また「宣告」の章には、戸田城聖が「あの裁判《さいばん》には、二つの間違《まちが》いがある」と述べた印象的《いんしょうてき》な場面がある。

「第一に死刑《しけい》は絶対《ぜったい》によくない。無期《むき》が妥当《だとう》だろう。もう一つは、原子爆弾《げんしばくだん》を落とし

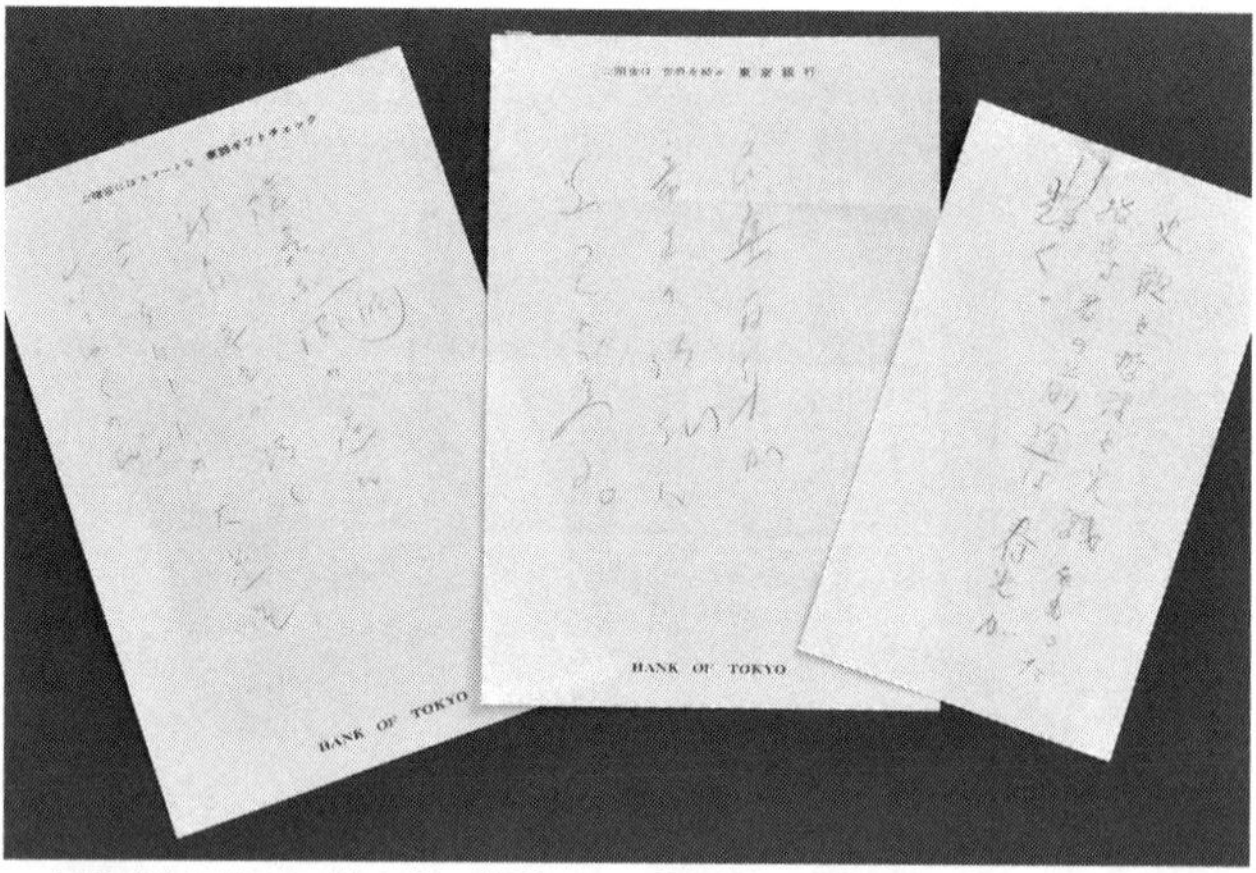

小説『人間革命』第３巻の草稿メモ。「陰気な泥沼の道に新しい春光が輝くコンクリートの大道をしいてゆくのだ」（左）、「民衆自身が帝王の時代になったのである」（中）と池田の自筆で記されている。右端は、編集担当者だった原田稔が、池田の口述を書きとめたもの。左の２つは「宣告」の章に、右端は「新生」の章に反映されている　©Seikyo Shimbun

たものも、同罪《どうざい》であるべきだ」

この言葉は、のちに戸田が「第一の遺訓《いくん》」として発表する「原水爆禁《げんすいばくきん》止宣言《しせんげん》」（一九五七年＝昭和三十二年）の萌芽《ほうが》ともいえよう。パール判決書には、戸田の指摘や池田の平和観と強く響《ひび》き合うものがあった。

◇

〈彼（＝パール）は被告たちの「無罪」を主張したが、それは日本の太平洋戦争を、いささかも肯定《こうてい》しているものではない〉（同章）

一九五二年（昭和二十七年）、五三年と再来日《さいらいにち》したパールは、日本の再《さい》軍備《ぐんび》を強く非難。平和憲法を守り抜けと説いている。

〈碩学《せきがく》の法学者（＝パール）は、太平洋戦争の真因《しんいん》を、冷徹《れいてつ》に追究《ついきゅう》し、なにが真実で、なにが正義か、錯雑《さくざつ》きわまりない国際戦争のすべての経緯《けいい》を識別《しきべつ》し、誇《ほこ》りと自信に満ちた判決書《はんけつしょ》のために、畢生《ひっせい》の情熱《じょうねつ》を傾《かたむ》けた〉――この『人間革命』の一文が聖教新聞に載った日付は、一九六七年（昭和四十二年）一月十日。

まさにこの日、パールはカルカッタ（現・コルカタ）で八十歳の生涯を閉じた。〈私は感無量《かんむりょう》の思いに襲《おそ》われ、一面識《いちめんしき》もなかったが、あえて博士の功労《こうろう》をしのび、弔電《ちょうでん》を打たせていただいた〉と、池田は同巻の「あとがき」に記《しる》している。

◇

八年後。パールの子息であるプロサント・パールが、池田のもとを訪ねた（一九七五年四月二十五日、聖教新聞本社）。

「今回の訪日で最大の出来事は、池田先生とお会いできたことであり、まるで夢のようです」

「偉大なお父様の姿を偲《しの》びながら、ゆっくりくつろぎながら語り継ぎましょう」――「非暴力主義《ひぼうりょくしゅぎ》」や「国連の役割」などをめぐり、会見は二時間に及《およ》んだ。プロサント・パールは、孤高《ここう》の父の業績《ぎょうせき》を大きく取り上げた池田に、深い感謝を込めて伝えた。

「私は、池田先生の弟だと思っております。また私は、一〇〇〇万の創価学会員の、

〝二〇〇〇万一人目〟のメンバーであると思っています」

現在、インド創価学会では、小説『人間革命』『新・人間革命』を学ぶことも、主な活動の柱《はしら》となっている。

トインビーの断言

パールがこよなく愛し、自らの文明論で繰り返し引用した、一人の歴史学者がいる。「二十世紀最大の歴史家《れきしか》、文明批評家」と称《しょう》される、アーノルド・ジョーゼフ・トインビーである。

それまでの「ヨーロッパ中心の価値観」に異議《いぎ》を唱え、まったく独自《どくじ》の歴史論を創《つく》りあげたトインビー。パールをはじめ、彼の思想に影響を受けた人物は数多い。

トインビーと池田との対談集（邦題『二十一世紀への対話』）は三十一言語に翻訳《ほんやく》され、池田の著作のなかで最も有名な一冊になっている。

しかし――。トインビーが創価学会に言及《げんきゅう》したのは、池田との対談集が初めてではない。

じつはトインビーには、『二十一世紀への対話』を発刊する前に、池田について言及した文章があった。それは、英語版『人間革命』の第一巻（一九七二年、ウェザヒル社版）に寄せた「序文《じょぶん》」である。

◇

『人間革命』の序文で、トインビーは次のように綴《つづ》っている。

〈日蓮《にちれん》の地平《ちへい》（視野《しや》）と関心は、日本の海岸線《かいがんせん》に限定されるものではなかった。日蓮は、自分の思い描く仏教は、すべての場所の人間仲間を救済《きゅうさい》する手段であると考えた。創価学会は、人間革命の活動を通し、その日蓮の遺命《ゆいめい》を実行しているのである〉

なぜトインビーは、創価学会に対する理解を深めていったのか。

その理由は、主に二つ。

一つめは、トインビーが持っていた「大乗仏教《だいじょうぶっきょう》」への関心である。

二つめは、一九六七年（昭和四十二年）の来日時の出来事である。

大乗仏教への関心

トインビー史観《しかん》の集大成《しゅうたいせい》ともいえる『図説《ずせつ》　歴史の研究』（学習研究社）。その「訳者あとがき」で、フランス文学者の桑原武夫《くわばらたけお》は次のように記している。

〈1956年（＝昭和三十一年）、京都で学者たちとの会合がもたれたとき、トインビーが当時目新《めあたら》しかったテープレコーダーを廻《まわ》しつつ、長時間疲れを見せず意見交換をしたのは壮観《そうかん》であったが、そのさい彼がもっとも熱心に質問をくりかえしたのは大乗仏教についてであった〉

ちなみに桑原は、この一文を書いた翌年、池田とフランスの作家アンドレ・マルローの対談集『人間革命と人間の条件』の解説文を執筆。〈これは二人の大実践者《だいじっせんしゃ》の対話である〉と高く評価している。

◇

トインビーは晩年《ばんねん》まで、「世界宗教」の価値を探《さぐ》り続けた。「西洋一辺倒《せいよういっぺんとう》」の歴史観を排《はい》して、「地球そのもの」を視野に入れた彼は、アジア伝来《でんらい》の大乗仏教に注目せざるを得なかった。

そして、トインビーと桑原が語り合ったこの年。二十八歳の池田は、戸田の指揮のもと、一九五六年（昭和三十一年）の「大阪の戦い」をはじめ、まさに大乗仏教の可能性を開くため、粉骨砕身《ふんこつさいしん》の日々を過ごしていた。

それから十一年後の六七年（同四十二年）。トインビーは三度目の来日を果たす。この来日が、池田と出会う〝序曲《じょきょく》〟となった。のちにトインビーが満《まん》を持《じ》して、池田に対談を要請《ようせい》した書簡（一九六九年）は、この時の思い出から書き起こされている。〈一九六七年に私（＝トインビー）が日本を訪れた時、日本の人たちが創価学会について、そして貴方《あなた》（＝池田）御自身のことについて、私に話してくれました〉

哲学者の梅原猛《うめはらたけし》。当時のトインビーとの出会いを述懐《じゅっかい》している。

〈私が今は亡《な》きトインビーと会った時、トインビーは創価学会について強い関心を表明していた……今のキリスト教にはとてもこんなエネルギーは残っていない、どうして仏教にはこのようなエネルギーが残っているのか、というのがトインビーの疑問であった〉（『世界に拓く関西創価学会』一九八二年刊）

大乗仏教の精髄《せいずい》である法華経を根底《こんてい》にした、日本最大の宗教団体のリーダー。その大乗仏教の可能性を探っていた歴史学者。二人が出会うのは必然《ひつぜん》だった、とも言えよう。

「池田大作と会うべきだ」

比較政治学の大家《たいか》・河合秀和（学習院大学名誉教授）は、一九六七年に来日したトインビーと種々、意見交換《いけんこうかん》を重ねた。

「トインビーは、戦後日本が進むべき方向を見失っていると考えていた。民主主義と結びついた健全《けんぜん》な愛国心《あいこくしん》が育っているのだろうか――こういう問題意識を持っていた彼は、私に『創価学会はどうか。ナショナリストか、ファシストか』と尋《たず》ねました」

「私は大要、『創価学会は平和問題にも関心を持ち、自分たちの生活を通して現実を変えようとしている。日本人の精神の空白《くうはく》を埋《う》める役割を果《は》たしていると思う』と答えました。こうした会話を通してトインビーは、『創価学会はファシズムにはつながらない』と判断したようです」

さらに河合は「トインビーは『賢人《けんじん》』です」と語る。

「『賢人』とは、社会を根底から組み直すような知恵を持った人物のこと。彼に比肩《ひけん》する人は、今はいないでしょう。現代の日本なら、加藤周一がそうだったでしょうか」

「『二十一世紀への対話』が二十八言語（二〇一〇年当時＝編集部注）で！　それはすごい。この対談集は、創価学会が世界宗教として確立する、一つの画期《かっき》になったと言えるのではないでしょうか」

河合は池田・トインビー対談について「英語版の対談集を読み、『この本は人類の百科事典になる』と即座に感じました。非常に広範なテーマについて語り合われてい

イギリスの歴史学者アーノルド・ジョーゼフ・トインビーと。両者の対談は2年越し、40時間に。語らいの合間に公園を散策する（1972年5月9日、ロンドン）　©Seikyo Shimbun

るからです。あるいは『人類の百科全書』といえるかもしれません」とも語っている（二〇二二年五月二十一日付「聖教新聞」）。

一九七三年から七五年まで、河合はオックスフォード大学オール・ソールズ・カレッジの客員研究員に選ばれ、イギリスに二度目の留学をした。その際、のちに池田と対談集『社会と宗教』を発刊するブライアン・ウィルソンらと同僚になる。

七六年、池田・トインビー対談の英語版が発刊された日、ウィルソンは同僚たちに同書を配った。その中には「自由論」などで知られる哲学者のアイザイア・バーリンもいた。その場に河合も居合わせた。

〈ウィルソンがカレッジの同僚たちにその対談を配っていたのはたしか昼食後だったと思うが、バーリンは夕食後にはすでにそれを読了していたようだった。このとき彼が「池田はトインビーよりもセンシブル（sensible）だ」と楽しそうに口《くち》にしたのを記憶している。英語の哲学者はよく日常用語をもちいて哲学を語るのだが、その意味を突き止めるのが難しいことがある。「センシブル」は「分別がある」「わかりやすい」「常識的である」「感覚が良い」等々、その訳はさまざま思いつく。バーリンはおそらく、年少で研究歴の短い池田会長が、大歴史家トインビーと対等に語り合ったのを愉快に思ったのではないか〉（『文明・歴史・宗教　トインビー・池田対談50周年記念論集』東洋哲学研究所）

◇

三度目の来日で、トインビーが語り合ったのは学者だけではない。

人々から「経営《けいえい》の神様《かみさま》」と言われた松下幸之助。京都でトインビーと二時間半、懇《こん》談《だん》した（一九六七年十一月二十七日）。この時、松下はトインビーに「創価学会の池田会長に会うべきだ」と勧《すす》めている。なぜか。

一カ月前。松下は学会の「東京文化祭」（旧・国立競技場）に招待されている。そして、池田からの心配《こころくば》りに驚き、無名《むめい》の運営役員たちの誠実さに感動した。

「創価学会の真価《しんか》というものを認識」「日本の柱ともなる人だと思った」（『人生問答』聖教新聞社）と唸《うな》った松下は後年《こうねん》、松下電器産業の幹部が集まる経営研究会でも「学会の池田さんはすごい」と語っている。その松下にトインビーが、「これからの日本にとって一番大切な人は誰《だれ》か」と尋ねたのである。迷わず池田の名が挙げられた。

国際政治学者の若泉敬《わかいずみけい》も、池田と会うことをトインビーに熱心に説いた一人である。英訳された学会の書籍などもトインビーに紹介している。

何人もの〝具眼《ぐがん》の士《し》〟による、「池田大作と会うべきだ」という声が、大歴史家の心を動かしていった。

◇

トインビーが池田に送った書簡（一九六九年）は、次のように続く。

〈私は、われわれ二人の間で、宗教、科学、宗教と哲学、そして歴史について、お互いの思索を分かち合うことが出来ると考えています。そして私はこのことによって、日英両国民《にちえい》のためだけでなく、人類全体のためにも何か役立てることができるかもしれないと願っております〉

この一言が、『二十一世紀への対話』に至《いた》る第一歩となった。

トインビーは英語版『人間革命』序文で、滅《ほろ》びゆくローマ帝国と敗戦後《はいせんご》の日本を重ね合わせている。そして、混乱《こんらん》のなかで学会が果たした役割を、次のように述べた。約四十年前に書かれたこの文章は、「池田大作とその時代」を浮《う》き彫《ぼ》りにする貴重《きちょう》な証言といえる。

〈彼（＝戸田城聖）の指導のもと、そして彼の後継者《こうけいしゃ》である池田大作の指導のもと、創価学会は驚異的《きょういてき》な戦後の復興《ふっこう》を遂《と》げた。それは、経済分野における日本国民の物質的成功に匹敵《ひってき》する、精神的偉業《いぎょう》であった〉

〈戦後の創価学会の興隆《こうりゅう》は、単に創価学会が創立された国（日本）だけの関心事ではない。池田氏の本書がフランス語や英語に訳されている事実が示すように、創価学会は、既《すで》に世界的出来事《せかいてきできごと》なのである〉

「平和への誓いを固めた世代」

「池田と会うべきだ」とトインビーに勧めた人々のなかでも、若泉敬は、トインビーの歴史観に強烈《きょうれつ》な影響を受けた人物である。

一九九六年（平成八年）、六十六歳で生涯を終えた若泉。遺言《ゆいごん》で、自身がインタビユアー役を務めた著書『未来を生きる　トインビーとの対話』を、弔問者《ちょうもんしゃ》全員に配るよう指示している。「行動する学者」の大先輩としてトインビーを「師」と仰《あお》ぎ、学問と民間外交に尽くし抜いた一生だった。

「福井新聞」への寄稿で、池田は若泉の事績《じせき》を偲《しの》んでいる（二〇〇八年）。

〈（トインビー）博士と私には、福井県出身の共通の友人がいた。国際政治学者の若泉敬先生である……若泉先生と私は、青春の日に大空襲《だいくうしゅう》に遭《あ》い、平和への誓いを固めた世代である。あの沖縄返還《おきなわへんかん》の際にも、世界に広い交友《こうゆう》を持つ先生の信念の行動が歴史的な橋渡《はしわた》しを果《は》たされた〉（『随筆　青年の大地』二〇一〇年、鳳書院）

　昭和三年生まれの池田と、同五年生まれの若泉との交友は、戦争の悲惨《ひさん》を体験した、同世代《どうせだい》ゆえの共感にも支えられていた。

　若泉の晩年を知る鰐渕《わにぶち》信一（福井県商工会議所専務理事）は語る。

「沖縄返還の交渉。その後の、困難《こんなん》を極めた繊維《せんい》問題の交渉。国事《こくじ》に奔走《ほんそう》した若泉敬には、『強靱《きょうじん》な人』という印象がありますが、じつは繊細《せんさい》な人でした。孤独《こどく》でもあり、一人で苦悩を抱《かか》えざるを得ないことが多かった。そんな若泉にとって池田会長は、真情を吐露《とろ》して、さまざまなことを語り合える〝心の友〟だったのではないかと思います」

一九八〇年（昭和五十五年）三月、若泉は健康上の問題もあり、京都産業大学「世界問題研究所」の所長を辞《じ》して、故郷・福井の鯖江《さばえ》市に隠棲《いんせい》した。そして沖縄返還交渉の経緯《けいい》を描いた諫言《かんげん》の書、『他策《たさく》ナカリシヲ信《しん》ゼムト欲《ほっ》スーー核密約《かくみつやく》の真実』の執筆に取りかかる。

万感を込めた「一献歌《いっこんか》」

同年三月二日夕。池田は長年《ながねん》にわたって要職《ようしょく》を務めた若泉を労《ねぎら》うため、ささやかな宴《うたげ》を設《もう》けた。場所は東京・信濃町にあった光亭《こうてい》である。

居《い》ずまいを正した若泉は、「一曲、歌ってもよろしいでしょうか」と池田に尋ねた。「どうぞ」。すうっと息を整《ととの》え、朗々《ろうろう》と声を発する。

それは、「一献歌《いっこんか》」という歌だった（作詞＝奈良師友会・加藤三之輔）。

一、男の酒の嬉《うれ》しさよ
　忽《たちま》ち通ふ意気《いき》と熱
　人生山河《さんが》険しくも

君盃《さかずき》をあげ給《たま》へ
いざ吾《わ》が伴《とも》よ先《ま》づ一献

二、秋月影《つきかげ》を酌《く》むもよし
春散る花に酔《よ》ふもよし
あはれを知るは英雄ぞ
君盃をあげ給へ
いざ吾が伴よ先づ一献

——戦後日本を「愚者の楽園《フールズ・パラダイス》」にしないために。精神的な「根無《ねな》し草」にしないために。そう念じ、行動し続けた若泉の、全精魂《ぜんせいこん》が込められたかのような歌声だった。同席した山崎尚見。「池田先生が『いい歌だ……』と呟《つぶや》き、感慨深く耳を傾《かたむ》けておられた姿が印象に残っています」と回想する。

じつはこの数カ月前、不思議にも、学会男子部、壮年部の有志が池田の前で、まさに「一献歌」を披露《ひろう》していた。

〈萬策《ばんさく》尽きて敗《やぶ》るとも 天あり 地あり 師匠あり〉

それは一九七九年（昭和五十四年）十一月のことだった。会長を辞任した池田は、功労者宅訪問《こうろうしゃたくほうもん》などを地道《じみち》に続けていた。前章で触《ふ》れた通り、聖教新聞でもほとんど動向《どうこう》が報道されない日々だった。

男子部と壮年部の有志が、「池田先生の前で、心を込めて歌を歌おう」と相談した。幾《いく》つもの形、節回《ふしまわ》しで歌い継《つ》がれる「一献歌」が候補にあがった。その何十もの歌詞の中から、自分たちの心に合った歌詞を選び、少し手を加えた。そして先に紹介した二つの歌詞に続く、三つの歌詞をまとめ、池田の前で歌い上げたのである。

三、木枯《こがらし》 いつか雪となり
　もの皆《みな》凍《いて》る冬の夜も
　吾等に熱き思ひあり
　弱音《よわね》を吐《は》くな男《お》の子《こ》なら
　いざ吾が伴《とも》よ 先づ一献

四、よしなき愚痴《ぐち》を言ふ勿《なか》れ
なべては空《むな》し人の世ぞ
消へざるものは ただ誠《まこと》
語らず言はず 目に笑《え》みを
いざ吾が伴よ 先づ一献

五、男《お》の子《こ》じゃないか 胸を張れ
萬策尽《ばんさくつ》きて敗《やぶ》るるとも
天あり 地あり 師匠あり
君 盃をあげ給へ
いざ吾が伴よ 先づ一献

「いい歌だ！」「もう一度歌おう」「もう一度！」と促《うなが》す池田。「この歌は、私の気持ちを一番、言い表している」。

宗門の〝衣《ころも》の権威《けんい》〟。マスコミの中傷《ちゅうしょう》。創価学会の魂《たましい》である「師弟」の分断《ぶんだん》を謀《はか》る者たち……そんな苦しい時だからこそ、堂々と「胸を張れ」——右の拳《こぶし》を握《にぎ》りしめ、男たちは二度、三度と歌い続ける。池田とその弟子たちが、雌伏《しふく》の日々を過ごした当時。師の思い、弟子の思いを託《たく》した「一献歌」は、列島の各地で静かに歌い継がれていった。

◇

いっぽう、福井に隠棲した後も、若泉は〝一献歌の宴〟を忘れなかった。池田に宛《あ》てて〈極《きわ》めて有意義《ゆういぎ》な、そしてとても楽しい一夕《いっせき》を過ごさせていただいた〉〈今日は一日、心のなかで先生の御芳情《ごほうじょう》を偲んでおります。先生に対する私の尊敬と信頼はわが生涯を通じて変わりません〉等と、数度にわたって感謝を綴《つづ》っている。

また〈何とか、日本の総理にもっと本気に真剣に核軍縮《かくぐんしゅく》、廃絶《はいぜつ》へのリーダーシップをとらせる方法はないものでしょうか。手遅《ておく》れにならない前に……と気が焦《あせ》ります。この点でも先生の御教導《ごきょうどう》をお願いしたいのでございます〉等と、その世界平和への率直な思いも述べた。

池田は後年《こうねん》、沖縄返還について、〈結果論として、もっといいやり方があったという批判はあるだろうが、戦争によって失った領土《りょうど》を戦争によらずして取り戻すこと自体が、歴史上、例外《れいがい》に属《ぞく》する〉（『池田大作全集』第一一三巻）と記している。

長年、創価学会の福井県長を務めた森岡正昭。「一九九〇年（平成二年）十月、福井市から鯖江市に向かう途中、池田先生が『若泉先生は、お元気だろうか』と尋ねられました。信義で結ばれた友をどこまでも大切にされる心を、ひしひしと感じました」。

いま、若泉が妻ひな杖《を》とともに眠る墓石《ぼせき》には、ただ一言、

「志」

と刻《きざ》まれている。

「人間革命にはどれくらいの期間が必要か」

池田とトインビーの出会いは、次々と「新しい出会い」を生んでいった。その一つの象徴が、世界的な民間組織《みんかんそしき》「ローマ・クラブ」の創設者《そうせつしゃ》アウレリオ・ペッチェイである。

ペッチェイとの出会いのキーワードもまた「人間革命」だった。

◇

トインビーは、池田との二年越し四十時間にわたる対話を終えた後、何人かの友人の名前を書いたメモを、通訳の山崎鋭一にそっと渡し、伝言を託《たく》している。

「私の親しい友人です。池田会長はお忙しいでしょうが、もし、お時間をとっていただいても、決して時間の無駄《むだ》にはならないと思います」――そのメモに、ペッチェイの名があった。

　ペッチェイは、イタリアの自動車メーカーであるフィアット社の再建《さいけん》で名を馳《は》せた実業家《じつぎょうか》だった。

〈しかし、やがて自分の努力が裏目《うらめ》に出たことを知る。乗用車の過剰《かじょう》が公害をもたらし、開発途上国《かいはつとじょうこく》への企業進出《きぎょうしんしゅつ》が、それらの国々の経済を圧迫《あっぱく》していた……自分もその責任者の一人である――そんな悔悟《かいご》の念が、氏をローマ・クラブ設立へと駆り立てていったようである〉（『池田大作全集』第二十一巻）

　そのローマ・クラブの名を一躍《いちやく》知らしめたリポートがある。〝近未来《きんみらい》の地球はどうなるか〟を予測した『成長の限界』（一九七二年）だ。

　――このまま人口増加と工業の成長が続くと、一〇〇年もしないうちに資源の枯渇《こかつ》、環境の汚染《おせん》、食糧《しょくりょう》の不足などで地球は破局《はきょく》に陥《おちい》る――

　具体的なデータで世界中に衝撃《しょうげき》を与え、九〇〇万部を超えるベストセラーになった。日本の首相経験者《しゅしょうけいけんしゃ》にも、この書を読んで「頭をガーンと殴《なぐ》られたような」衝撃を覚え、政治を志した人がいるほどである。

◇

ペッチェイの活動を支えるキーワードは当初、「人間性革命（ヒューマニスティック・レボリューション）」だった。人間の外側ではなく、内側を変えなければならない。この信念で動き始めた彼が池田と初めて会ったのは、一九七五年（昭和五十年）五月十六日。イタリアからフランスのパリ会館に駆けつけたペッチェイ。その手には小説『人間革命』が握られていた。

池田に対して親しみ深く「センセイ」と呼びかけ、

「人間革命と人間性革命の違いは何か？」

「一個人にとって、人間革命にはどれくらいの期間が必要か？」

「集団の場合は、どうか？」

等々、二時間半の会談中、熱心に質問を重ねた。「私は今まで人間性革命を唱え行動してきたが、それをさらに深く追究するなら、究極《きゆうきよく》は人間革命（ヒューマン・レボリューション）に帰着するようになった」とも述べた。

それから三年後に行われた、ローマ・クラブの創立十周年総会。ペッチェイは、自身の演説の全文を池田のもとに届ける。その末尾。「大切なことは……現代のあらゆる改革の頂点《ちようてん》に立つ〝人間革命〟を成《な》し遂《と》げることである」と綴られていた。

「我々は池田の使命を手伝わねばならない」

パリ、東京、フィレンツェで五度の対話を重ねた。最後の語らいの直前、ペッチェイはアクシデントに見舞《みま》われる。空港で荷物をすべて盗《ぬす》まれてしまったのだ。それでも「センセイとの約束に遅《おく》れるわけにはいかない」と、着の身着のままで駆けつけた。誠実な人柄を示すエピソードである。

初代会長・牧口常三郎《つねさぶろう》の獄死《ごくし》も、第二代会長・戸田城聖の獄中闘争《ごくちゅうとうそう》も『人間革命』で学んだ。創価教育学会（当時）とファシズムの戦いを自ら話題に挙げた。「ペッチェイ博士こそ、獄中の闘士《とうし》だったではありませんか」。池田の一言に促《うなが》され、自身の体験を語った。

三十五歳だった。ナチスに対する抵抗運動に立ち上がった。牢獄《ろうごく》で、ひどい拷問《ごうもん》が待っていた。

「ペッチェイの口を割《わ》らせさえすれば、やつらの計画をつぶせる」

十一カ月の獄中闘争。「まったく、ひどい暴力でした」と池田に語る。

しかし「絶対に裏切《うらぎ》らない友情も結べた。だから、逆説的には、『ファシストからも教えられた』というわけです」。肩をすくめて笑った。「あの十一カ月は、私にとって、本当に幸運でした」と。

一流の人物は例外なく、「逆境《ぎゃっきょう》」を自分の「力」に変えていく。ペッチェイは、その見事なお手本だった。

池田との対談集を発刊。ドイツ語版が一番早く完成した。そのタイトルは『手遅《ておく》れにならないうちに』（邦題は『二十一世紀への警鐘』）。「人間革命」の道を模索《もさく》し続けたペッチェイは、池田に次のようなエールを遺《のこ》している。

〈私は、彼（＝池田）の本然的《ほんねんてき》な創造性の潜在力《せんざいりょく》に心を打たれ、それがより広大な舞台で生かされる可能性を思って興奮した〉

〈（池田の）沈着《ちんちゃく》かつ説得力ある、信頼しうる指導力と、彼による人間革命の提唱……は、この人間の進展《しんてん》を成し遂げる上で強力な要因《よういん》たりうる。われわれは皆、彼のこの使命を、手伝わねばならない〉（一九七七年＝昭和五十二年五月一日付「聖教新聞」）。

ブラジルの老雄《ろうゆう》

『人間革命』執筆のドラマの最終章は、ブラジルである。そこには、九十四歳の老雄《ろうゆう》が待っていた。アウストレジェジロ・デ・アタイデ。一八九八年（明治三十一年）生まれ。ブラジル代表として、国連の「世界人権宣言」の起草《きそう》に尽力。ブラジルの独裁《どくさい》政権《せいけん》に抵抗し続けた、文字通り「人権の闘士」である。

一九九三年（平成五年）二月九日、午後九時。リオデジャネイロ・ガレオン国際空港（当時）。

アタイデは二時間も前から、待合室《まちあいしつ》のソファに身を沈めていた。池田の到着を待っていた。

アタイデの健康を心配するＳＧＩスタッフ。しかし、一笑《いっしょう》に付《ふ》した。

「私はもう一〇〇年近くも生きているのです。九十四年も池田会長を待っていたのです。一時間や二時間は、何でもありません」

◇

アタイデは独裁政権に抵抗し、獄中生活を重ね、三年間亡命《ぼうめい》した。ジャーナリストとして書いた記事は、コラムだけで五万本。「七十年間、毎日二本」書き続けた計算になる。

アタイデが池田を知ったきっかけ。それは、ともに「世界人権宣言」に携《たずさ》わった友人の家族から聞いた話だった。ブラジルＳＧＩのメンバーとも交流を深めた。そして決断した。池田に、自身が総裁《そうさい》を務める「ブラジル文学アカデミー」の在外《ざいがい》（海外）会員《かいいん》就任を要請《ようせい》したのだ。

終身制《しゅうしんせい》の同アカデミー。四十人の国内会員と二十人の在外会員で構成される。在外会員には、ロシアのトルストイ、フランスのゾラ、マルロー、イギリスの社会学者で牧口常三郎も影響を受けたスペンサーなどが名を連《つら》ねてきた。池田はアジア人初の就任となる。

「恩師《おんし》に会う気持ちでまいりました」

「その時、ライオンのような険《けわ》しい顔をしたアタイデさんが、満面《まんめん》に笑みを浮かべたんです」（和田栄一、当時のＳＧＩ理事長）
池田が到着したと一報が入った。普段《ふだん》は両脇《りょうわき》を秘書《ひしょ》に抱えられて歩くアタイデが、ソファから一人で立ち上がり、ドアへ向かって歩きだした。周りの全員が驚《おどろ》いた。
ドアが開いた。両手を大きく広げる池田。二人は固い抱擁《ほうよう》を交《か》わした。池田は素早《すばや》く、アタイデの両腕《りょううで》を支えた。
「きょうは、わが恩師《おんし》に、再び、お会いするような気持ちでまいりました」

一九〇〇年（明治三十三年）生まれだった戸田城聖。アタイデは、二歳違いの一八九八年生まれである。

「会いたい人に、やっと会えました」とアタイデ。彼は、池田のリオ訪問中も連日《れんじつ》コラムを書いた。

〈我々は人類の運命の行方を決める一人、池田大作氏を迎えることができた〉

翌日も、その翌日も、アタイデのコラムが新聞を飾った。

〈氏（＝池田）は「武力」を「対話」に変え、相互理解《そうごりかい》と連帯《れんたい》の力が、すべての悪の脅威《きょうい》に打ち勝つことを教えた〉

〈創価学会の使命をわが使命とし、平和のメッセージを世界中の人々に送り続けている〉

◇

これまで池田は、自分の胸中に生きる戸田と対話しながら、『人間革命』の執筆に取り組んできた。すでに本文は書き終えた。そして単行本の「あとがき」を、〝地球の反対側《はんたいがわ》〟のブラジルで書くことになった。

その地で、恩師の戸田と同世代の人物が、これ以上ないほどの歓待《かんたい》で迎えてくれたのである。

ブラジル文学アカデミーのアタイデ総裁と、リオデジャネイロの空港で。池田の到着を知った94歳の総裁は、"飛び出すような勢いでドアに向かった"という（1993年2月9日）　©Seikyo Shimbun

アタイデと別れた直後、池田はしみじみと語った。

「不思議《ふしぎ》な方だ。アタイデさんの身に、戸田先生が入って、迎えてくださったような気がした」

アタイデと会った二日後。池田は小説『人間革命』全十二巻の「あとがき」を綴る。

〈創価《そうか》桜《ざくら》の大道《だいどう》を行く私の胸《むね》のなかに、先生は今も生き続け

ている。とともに、同志《どうし》の心のなかにも、先生が永遠《えいえん》に生き続けることを念《ねん》じてやまない〉

そして、こう締《し》めくくった。

〈一九九三年二月十一日
恩師の生誕《せいたん》の日に
ブラジル・リオデジャネイロにて〉

◇

その数カ月前。池田のブラジル訪問に向け、アタイデは準備を重ねていた。打ち合わせのためにアタイデのもとを訪問した吉郷《よしごう》研滋らSGIのスタッフに対して、「私には、池田会長の偉大さがわかる。君たちには、わからんだろう」と笑ったことがある。この時点でアタイデは、まだ池田に会っていない。

スタッフは驚いた。また、心外《しんがい》にも思った。池田のもとで信仰を貫《つらぬ》いてきた。師の行動を何度も目の当たりにし、薫陶《くんとう》を受けてきた自負もある。

しかし、数十年にわたって命がけの人権闘争に身を投じてきたアタイデは、彼らの思いや努力も知ったうえで、厳しい表情で語った。

「民衆のために闘《たたか》い、苦しみ抜いた者にしか、彼と、彼を支えてきた香峯子夫人の心

恩師・戸田城聖と語らう池田（1958年3月1日、静岡）。この1カ月後に戸田は逝去する。7回忌の席上、池田は小説『人間革命』の執筆開始を発表。1993年の恩師の誕生日である2月11日まで、全1509回の連載を続け、師の偉業を宣揚した　©Seikyo Shimbun

はわからない」
「迫害《はくがい》を受けた者だけが、池田会長の価値を知るのだ」

第五章

真実の同志とともに——昭和五十四年、立川

二〇一一年（平成二十三年）の元旦。東京・新宿区。創価学会の本部第二別館で朝九時から行われた新年勤行《ごんぎょう》会の席上、一幅《いっぷく》の書が披露《ひろう》された。

妙法乃《みょうほうの》広布《こうふ》の旅は遠けれど
共に励《はげ》まし共々に征《ゆ》かなむ
五十四年元旦　大作

参加者に粛然《しゅくぜん》とした空気が漂《ただよ》う。

これはもともと、第二代会長・戸田城聖《じょうせい》が詠《よ》んだ和歌である。弟子の池田大作が後年《こうねん》、書写《しょしゃ》した。なぜ「昭和五十四年」なのか。そこに池田の、どのような思いが込《こ》められているのか。

日蓮正宗《にちれんしょうしゅう》との間に生じた軋轢《あつれき》の責任を取るかたちで、同年四月、池田は第三代会長を辞任する。創価学会の前途《ぜんと》は多難に満《み》ち、妙法を弘める「広布の旅」は遠いように思われた。

その最も苦しい時期。池田は恩師の歌の通り、心ある同志と「共に励まし」、活路《かつろ》を開こうとしていた。そのドラマを追う。

会長辞任の五日後に送った手紙

一九九九年（平成十一年）一月。新横浜駅近くにある、横浜労災《ろうさい》病院の三階。吉岡マリコは、病に臥《ふ》せった母の見舞いに来ていた。

母の枕元《まくらもと》には、いつも黒いハンドバッグが置かれていた。よほど思い入れのあるものなのだろう。吉岡は「お母さん、そのカバン、なにが入ってるの」と、何の気なしに尋《たず》ねた。

「……これはね」と微笑《ほほえ》んだ母。カバンを開け、一通の封書《ふうしょ》を取り出した。そして娘に手渡した。

「三浦ふさゑ様」

母の名前である。封筒《ふうとう》の裏を見る。

左下に、「池田大作」とあった。それは池田の妻、香峯子《かねこ》の筆跡《ひっせき》だった。

驚いた吉岡。もう一度、封筒の表を見た。消印《けしいん》は七九年（昭和五十四年）四月二十九日。「速達」――赤い判が押してある。

封筒のなかには二枚の原稿用紙。丁寧《ていねい》に折り畳《たた》まれていた。まぎれもない池田の筆跡である。

〈お手紙、確かに拝見いたしました。ありがとうございます〉

右肩《みぎかた》上がりで勢いのある筆致《ひっち》。続きを読み進めるうちに、吉岡は言葉を失った。

〈今回の辞任については、何卒《なにとぞ》、強盛《ごうじょう》なる信心で受けとめて下さい。そして、いやまして、信心の炎《ほのお》を燃やして、日本第一の御一家を築きあげて下さることを、私は、祈り待っております〉

池田が第三代会長の辞任を発表したのは四月二十四日。そのわずか五日後の消印が押された、直筆《じきひつ》の手紙である。昭和五十四年当時、吉岡は母と暮らしていたが、このことはまったく知らなかった。「私が尋ねるまで、誰にも言わなかったようです」。

◇

二〇〇八年（平成二十年）の十二月、各部代表協議会で池田は次のように語っている。

「（私の会長辞任の際）悲憤《ひふん》の声が、手紙や電話で寄せられた。その数は、直後だけで

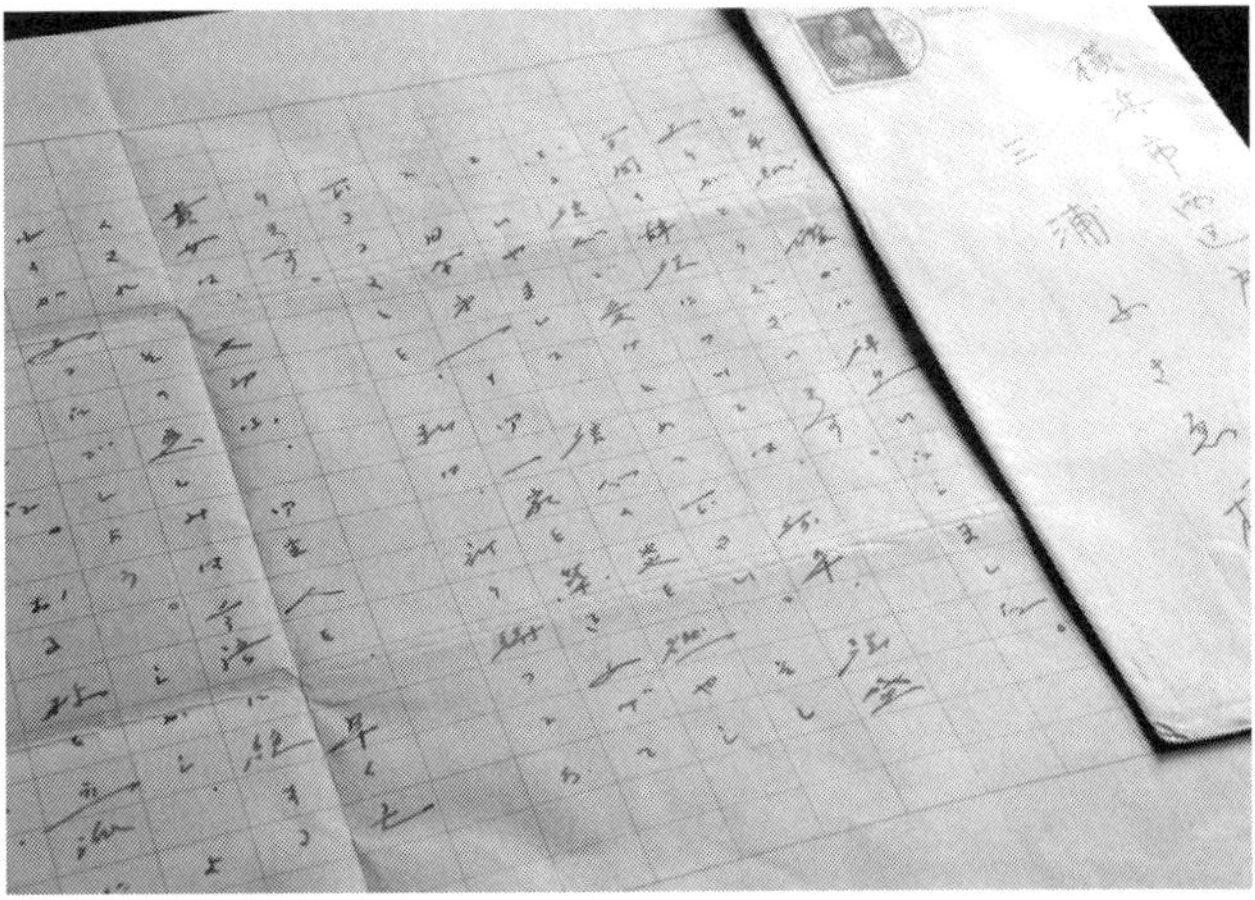

横浜の草創の会員、三浦ふさゑへの手紙。会長辞任から５日後の「昭和54年４月29日」の消印がある　©Seikyo Shimbun

も、およそ八二〇〇から八三〇〇になる。この時に、同志の皆様が寄せてくださったお手紙は、すべて大切に保管《ほかん》してある」（十二月七日付「聖教新聞」）

協議会の会場となった創価文化会館六階の大会議室。手紙の数々が紹介された。

「今、読み返してみても、涙なしでは読めないほどの憤激《ふんげき》の手紙である。ありがたい、誠実と真心の光る手紙である」（同）。

三浦ふさゑが送った手紙もまた、そうした声の一つだった。

「母は池田会長辞任の報に接して、悲しみ、怒り、その心情《しんじょう》を手紙に託《たく》しました。先生からの、矢のように素早《すばや》い返信は、母にとって思いもよらないことでした」

（吉岡マリコ）

それは、噛《か》んで含《ふく》めるような内容だった。

〈貴女は、大切な、御主人を、早く亡くされ、その悲しみは言語に絶するものがあったでしょう。しかし、よく生きぬきました。お子様を立派に育てられました。いかばかりか、ご主人も喜ばれ、貴女とお子さまに喝采《かっさい》の拍手を、霊山《りょうぜん》でおくられておられることと信じます〉

文面に、一人の女性の歩みを見守り、励まそうとするぬくもりがにじんでいる。三浦の夫である大助は、学会草創期の横浜で活躍した。池田はそのこともよく知っていた。

一九二四年（大正十三年）生まれの三浦の半生は、平坦《へいたん》なものではなかった。

「人身《じんしん》は受けがたし」

五二年（昭和二十七年）の九月。三浦ふさゑのお腹《なか》には二人目の子どもがいた。NHKのラジオドラマ「君の名は」が空前《くうぜん》の人気を博《はく》していたころである。

産《う》みたい。だが三浦は、肺結核《はいけっかく》を患《わずら》っていた。医師は「出産は母体《ぼたい》に危険」と診《しん》断《だん》。家計《かけい》も苦しかった。あきらめよう。近所の「梶野助産院《じょさんいん》」の戸を叩《たた》いた。

助産師の梶野ハツエは、創価学会の婦人部員だった。

生涯に八〇〇〇人の子どもを取り上げた梶野。がっくり肩を落としている三浦を見て、靴《くつ》も履《は》かず玄関に飛び降りた。肩を抱きかかえるように室内へ招き入れる。話の合間に混《ま》じる、ため息ひとつも聞き逃《のが》すまいと、汗もふかずに耳を傾《かたむ》けた。そして言った。

「あのね、三浦さん……。生活の苦しいこと、体の心配、このばあちゃんにはわかりますよ。でもね、わたしはね、本心が知りたいの」

やがて梶野は、分厚《ぶあつ》い本を取り出した。難しい言葉が多かった。一言だけ、三浦の胸に突《つ》き刺《さ》さった。

〈人身《じんしん》は受けがたし、爪《つめ》の上《うえ》の土《つち》。人身は持《たも》ちがたし、草の上の露《つゆ》〉（崇峻《すしゅん》天皇御書《ごしょ》、御書一一七三㌻、新一五九六㌻）

人として生を受けることが、どれほど難しく、尊いか——日蓮が門下に宛《あ》てた書簡《しょかん》の一節だった。思い詰《つ》めていた三浦の表情が変わった。数日後、三浦は梶野に付《つ》き添《そ》われ、信濃町の慶応大学病院へ。栄養をとって体力を保《たも》てば、出産に耐《た》えられると言われた。

帰りの国電。梶野は「もしもあなたが産後《さんご》、倒れるようなことがあったら、子どもは私が一生育てますよ。大丈夫、あなたは倒れませんよ」とまで言って励ました。

三浦は梶野の人柄《ひとがら》に打たれ、病院から帰ってすぐ創価学会に入会。そして、無事生まれた長女にマリコと名付けた。「母が学会と出あってくれたことに感謝です」（吉岡マリコ）。

◇

京浜急行の日ノ出町駅近くで、夫の大助とオーダーメイドの洋服店を営んでいた三浦ふさゑ。「横浜といってもまだ田舎で、小さな木造の一室でした」（長男の三浦修二）。

忘れがたい仕事がある。ある会合に臨《のぞ》む池田会長のモーニングを仕立てた。店員の湯《ゆ》貫《ぬき》泰治。「横浜市内の馬車道《ばしゃみち》あたりをめぐって、ズボンの柄に合うストライプのネクタイも選びました」。さらに創価学園の開校前、依頼を受けて制服の見本を作ったこともあった。

試練《しれん》は不意《ふい》に襲《おそ》ってくる。一九六七年（昭和四十二年）の大晦日《おおみそか》、夫の大助が胃がんで早世。「葬儀《そうぎ》では涙一つ見せない気丈《きじょう》な母でした」（吉岡マリコ）。皆が帰ってから、「二人の子を必ず立派に育てあげる」と泣いて誓《ちか》った。

店をたたんで洋裁《ようさい》教室を切《き》り盛《も》りした。長男の修二は、創価学会高等部（高校生）

の人材グループ「鳳雛会《ほうすう》」の一期生。池田の直接の薫陶《くんとう》を受けた。ただ、大学には進まず、就職して家計を支えた。そのおかげもあり、長女のマリコは創価大学の一期生として学んだ。

〈私は、いたって悠々《ゆうゆう》と元気です〉

信心をバネに経済苦をしのぎ、女手一つで子どもを育てあげた三浦。創価学会とともに生きてきた。師と慕《した》う池田の会長辞任を、どうしても納得できなかった。その池田からの手紙は、自らの苦境を微塵《みじん》も感じさせず、こう締《し》めくくられている。

〈これからも、いかなる時代の変遷《へんせん》があったとしても、厳《げん》とした、無上道《むじょうどう》の信心を透《とう》徹《てつ》させて、迷いなき悠々《ゆうゆう》たる、人生を送って下さい。亡《な》き御主人には、毎日、追善《ついぜん》の題目をおくっております。私は、いたって悠々《ゆうゆう》と元気です。

ともあれ、少しずつでも、必ず御書の拝読《はいどく》をされます様《よう》に。

四月二十九日　大作

三浦ふさゑ様〉

晩年は、がんを抱《かか》えた。池田の指針どおり御書を片手に、みなとみらい支部などを担当し、皆から親しまれた。

一九九九年（平成十一年）三月。入院中の三浦に、池田から激励が届いた。自筆で、〈健康長寿山三浦夫妻城〉の書。「夫」の横には、マル印がついていた。そして、

「ご主人はいらっしゃらないけれど、いると思って書きました。ご主人、モーニングのことを忘れません」

との伝言が添《そ》えられていた。

三浦はいったん退院し、同志をはじめ近隣《きんりん》の知人を回って、対話の花を咲かせた。三カ月後。最期まで家族と語り合い、眠るように逝《い》った。七十四年の生涯だった。

その枕元には、池田からの手紙を収めた、あの黒いハンドバッグが置かれていた。

空白を埋《う》めるキーワード

三浦ふさゑが手紙を書くきっかけとなった七九年（昭和五十四年）四月二十四日。創価学会本部と聖教新聞社の電話交換室《こうかんしつ》は、着信を知らせるランプが光り続けた。会長辞任に対する問い合わせが殺到《さっとう》していた。

電話交換手たちは、池田から「交換台は私の目であり、耳であり、口《くち》である」「電話は声の外交だよ」と教わってきた。

その日。「『なぜですか』と涙声のご婦人もおられました。電話の回線は埋《う》まりっぱなし。『私も同じ気持ちです』と叫びたいのを我慢《がまん》して、応対しました」と、当時の交換手たちは振り返る。疑問《ぎもん》、悲しみ、不安、怒号《どごう》。さまざまな声が混ざり合った数千件の問い合わせ。交換台の日誌には、午前十一時半に会長辞任を伝える臨時の会合が開かれたことや、〝九人の交換手が総出《そうで》で対応しても、全ての電話を取り切れなかった〟ことが記《しる》されている。

翌二十五日、激務で疲れた交換手全員に鰻重《うなじゅう》が振る舞われた。池田の配慮だった。「ご自身が最も大変な状況だったにもかかわらず、私たちにまで心を砕《くだ》かれた」。

◇

その動向が聖教新聞紙上から消えた時期、池田はどのように行動し、突破口《とっぱこう》を開いたのか。本連載《れんさい》でも描いてきた。

空白《くうはく》を埋める「キーワード」ともいうべき一言が、二〇〇九年（平成二十一年）の四月、明らかにされた（四月十四日、全国代表協議会。信濃町の創価文化会館で）。

七九年（同五十四年）の五月三日。辞任直後の池田は、

「共戦」

という二文字を揮毫《きごう》した。

そして脇書《わきがき》に、こう記したのである。

五十四年
　五月三日夜
生涯にわたり
　われ広布を
　　不動の心にて
　　　決意あり
眞実《しんじつ》の同志あるを
　　　　信じつつ
　　　　　合掌

会長辞任の前後、つまり「第一次宗門事件《しゅうもんじけん》」が起こっていた時期。池田は立川文化会館（東京都立川市）と神奈川文化会館（横浜市中区）を、たびたび訪《おとず》れた。

立川については、〈あの宗門問題のさなかの五年間、私は、立川こそを〝本陣《ほんじん》〟と定めて指揮をとった〉（二〇〇二年＝平成十四年五月三十一日付「聖教新聞」）と、また神奈川については、〈世界につながる平和の港を望む横浜の地から、新たな戦いを起こすのだと、心に決めていた〉（一九九八年＝同十年四月二十九日付同紙）等々、自《みずか》ら述懐《じゅつかい》している。

それは、師と弟子の繋《つな》がりを断《た》ち切ろうとする動きの真《ま》っ直中《ただなか》で、「真実の同志」を探し、信じ、守る日々だったと言えよう。

立川と神奈川。

池田の訪れるところ、そこに「励ましの城」が生まれた。

山頂は 常に嵐なり

一九七八年（昭和五十三年）一月二日。

新潟男子部長だった金子重郎（総信越長）に、学会本部から電話が入った。「東京の池田先生のもとで新潟男子部の会合が開ける」との朗報だった。

「思わず身震《みぶる》いした」という金子。「念願《ねんがん》が叶《かな》った瞬間でした」。

七五年（同五十年）には六千数百人だった新潟男子部。「一万人を目指そう」。弘教《ぐきょう》に走った。翌年（同五十一年）六月六日、列島各地から新潟に集い、全国男子部幹部会が開催された。六月六日は、初代会長・牧口常三郎《つねさぶろう》の生誕記念日である。そして牧口は新潟の柏崎出身――晴れの節目《ふしめ》に、新潟男子部は念願の一万人を達成した。冬は雪深く、旧習《きゅうしゅう》の根強い大地に刻《きざ》んだ、痛快《つうかい》な歴史である。

「皆、この結果をもって師のもとに集いたいと願った。しかし地方の一つの県、それも男子部だけが学会本部に集《つど》って会合を開くのは異例《いれい》でした」（総新潟総主事の志賀賢一）

◇

その念願が叶う。追いかけるように池田から伝言が届いた。「長野も含めて信越の会合にしよう」。信越男子部幹部会。喜びが何倍にも増すなか、日時は二月十九日に決まった。

「当初は学会本部で開催する予定でした」（金子重郎）。しかし、前日の二月十八日、会場を急遽《きゅうきょ》変更するとの連絡が入ったという。「学会本部ではなく、立川文化会館で」――最寄りの駅は西国立《にしくにたち》というらしい。先に上京していた金子たち。電車の乗り換えを何度も確かめ、当日朝、上野駅で皆の到着を待った。

新潟最北の村上市や佐渡からも続々と集まった。「運営役員などは前日、新潟駅の近く、現在の中央区内のあちこちで学会員宅に泊めてもらいました」（信越壮年部長の長谷川喜昭）。

◇

〈早朝、新潟駅を出た特急列車は、停車するたびに男子部員の一団を拾《ひろ》いながら、東京を目指した〉（二〇〇七年＝平成十九年二月二十三日付「聖教新聞」新潟版）

上野、秋葉原……さらに立川で南武線《なんぶせん》に乗り換え、約四〇〇〇人の青年たちは、雪道を歩く長靴《ながぐつ》を履《は》いたまま、喜色満面《きしょくまんめん》で到着した。

信越の友を前に、池田は青年時代から最も愛読してきたホイットマンの『草の葉』を紹介している。

〈さあ、出発しよう！　悪戦苦闘《あくせんくとう》をつき抜けて！　決められた決勝点《けっしょうてん》は取り消すことができないのだ〉（富田砕花訳）

冒頭《ぼうとう》に二度、最後にもう一度引用した。この詩を通して、池田は何を伝えようとしたのか。じつはこの会合の直前、信越男子部に一枚の色紙を贈っている。そこには、

平地順風
なれども
山頂は常に
嵐なり

と書かれていた。
「山の頂上は嵐……申し訳ないことに最初、私たちは単《たん》なる一般論《いっぱんろん》として理解していた。しかし、すでに先生ご自身が『嵐』とも言うべき難《なん》の渦中《かちゅう》におられた」（金子重郎）
この六日前、新潟県内の日蓮正宗寺院でも異変が起きていた。学会活動の最前線が、思いもよらない「悪戦苦闘」の現場と化《か》しつつあった。

「一年有半《いちねんゆうはん》」の心

中越地域の中心者だった安藤恭三。「昭和五十三年の二月十三日、寺のお講《こう》で突然、学会に対する非難が始まりました」。学会が寄進《きしん》した寺で、学会の悪口を聞くとは――。思わず僧の話をさえぎって抗議《こうぎ》した。

信徒総代《そうだい》の安藤。目を疑うばかりの豪遊《ごうゆう》を繰《く》り返す僧の生活を見てきた。「二言目には『猊下様《げいかさま》が』と権威《けんい》を振りかざしてきた。宗教といえば僧侶、と思い込んでいる人々は、手のひらを返すように脱会していった。悔しかった」。宗門との軋轢《あつれき》は、徐々《じょじょ》に悪化していく。

◇

信越男子部を立川に迎えた一九七八年（昭和五十三年）。高等部（高校生）向けの機関紙「高校新報」の新年号に、池田の新春メッセージが掲載された。そこで池田は、一冊の本を紹介している。

〈私がちょうど諸君たちの年代のころ、興味深く読んだ本に、中江兆民《ちょうみん》の『一年有半《いちねんゆうはん》』『続一年有半』があります〉

――明治を代表する思想家である中江兆民。五十五歳の春、がんのため「余命《よめい》は一年半」の宣告《せんこく》を受けた。そこから兆民は、文字通り「一年有半」と題する随筆を書き残した。

〈もう一年半しか生きられないという、周囲の愁嘆《しゅうたん》の声に対して、兆民はいうのであります〉。池田は、次のような兆民の文章を紹介する。
〈一年半という時間を、諸君は短いと言うが、私にとっては極《きわ》めて長い。もし短いといえば、十年も、五十年も、百年も短い。自分に為《な》すべきことがあり、楽しむには、一年半は、存分に活用するに足《た》るではないか〉（趣意）
そして池田は、〈全力投球をつづける兆民の心意気《こころいき》には、おおいに学ぶべき点があると思っております。まして洋々たる未来に向けて、前途有為《ぜんとゆうい》なる諸君でありますと期待を寄せ、文章を結んだ。
このメッセージから約「一年半」後、池田は会長職を辞する。しかしその間、会員を守り、会館の立つ地域を徹して大切にしていく。その手本を示す舞台の一つが、新設の立川文化会館だった。広大な三多摩《さんたま》（西多摩、南多摩、北多摩）の中心拠点。その開館当初から、池田は精魂を傾《かたむ》けた。

「そうやって今日《こんにち》の創価学会はできたんだ」

一九七七年（昭和五十二年）十二月二十三日、立川文化会館の開館勤行会。職員の中心者である松山久夫（参議）に、池田は尋ねた。

高等部（高校生）の新年部員会に、海外の来賓とともに出席。池田は「未来を担ってほしい」と期待を語った（1979年1月6日、立川文化会館）
©Seikyo Shimbun

「駅長さんに挨拶《あいさつ》した？」
「いえ、しておりません」
「これから大勢の人がお世話になるんだ。頭を下げるべきだろう」

国鉄（現・ＪＲ）の西国立駅から徒歩五分。桑畑《くわばたけ》の点在《てんざい》する、のどかな風景が広がっていた。〝立文《たちぶん》〟の愛称で親しまれる同会館。近くには、京都の平安寺と並び、所化《しょけ》を大勢抱える日蓮正宗・大宣寺がある。宗門事件の中、地元には緊張関係があった。

さらに小平の創価学園、八王子の創価大学にも近い。自然豊かな三多摩は、池田自身が「最後の事業」と位置づけた「教育」の舞台でもある。

◇

「当時、学会で最も大きな会館の一つです。池田先生から『学会員さんが来たら、すぐ迎えに飛んで行くんだ』と何度も教わりました」。会館職員だった井迎《いむかい》美江子は振り返る。

開館直後の一九七八年（昭和五十三年）、立川文化会館で池田が出席した会合は多い。本部幹部会、全国県長会議、戸田城聖の追善法要《ほうよう》、高等部総会、学生部総会など、大規模なものだけでも優《ゆう》に三十回を超える。

「先生の周辺の人たちは、いつも走っていたという印象です。スピードについていけるよう、必死に頑張《がんば》りました」（同会館職員だった鈴木幸子）

松山久夫も「生き生きしていない」と強く叱責《しっせき》されたことを覚えている。

「会員が来たら飛びつくように駆《か》け寄《よ》って、大事にしてあげるんだ。そうやって今日の創価学会はできたんだから」

ある日の午後、鈴木たちは自分の机で業務にかかりきりだった。

「やあ、何しに来たの？」。池田の声。皆、ハッとして窓口を見る。「たまたまロビーに降りてこられた先生が、訪れた学会員さんの応対をしてくださったんです」。しまった、気づかなかった！　慌《あわ》ててロビーに飛び出した。

「会員を待たせるようなことがあってはいけない」。池田は事務室で誰がどう座るかまで一緒に考え、来館者から全職員の顔が見えるように席替《せきが》えした。

「職員中心じゃない。会員中心だ」

機敏《きびん》に動く職員を見かけた時は、「若鮎《わかあゆ》みたいじゃないか」と顔をほころばせた。

「共存共栄」の城

若手職員だった吉原篤夫（第二総東京長）。「地域と共存共栄だよ」との池田の一言が忘れられない。「開館してすぐ、周辺の民家やお店へ、ご挨拶のお菓子《かし》などを届けるよう指示を受けました。近隣友好から何から、本当に一から教わりました」。

一九七八年（昭和五十三年）二月七日、国鉄の立川駅北口。池田は陶磁器《とうじき》などを扱《あつか》う店「菊屋《きくや》」にいた。同店の渡辺和枝（支部副婦人部長）。「じっくりご覧になり、同行の方に『会館に来る方々のために、いいものを選ぶんだよ』と語られる様子が印象的でした」。

立川文化会館の職員だった宮川淳子（総長野婦人部総主事）。「食器一つに至《いた》るまで、細かく配慮し、整《ととの》えるよう教えていただきました」。
◇

「実《み》のなる木を植えようよ」。同会館の庭には柿などが植樹された。穫《と》れる果物は、近隣にも配る。長年、管理者を務めた吉村貞司。

「筍《たけのこ》、みかん、キウイ、ざくろ……自然に実をつけたものなので、味がよくないものもある。でも、昔に食べた酸《す》っぱいみかんを思い出し、『こっちの方がいい』と喜んでくださる年配の方も多かった」

「先生から『鎌倉街道《かまくらかいどう》の歴史は知っているか』と聞かれたこともあります」（吉原篤夫）。かつて日蓮も歩いた三多摩を通る旧道《きゆうどう》。知らない。懸命に調べた。

池田からは「『立川』という地名の由来《ゆらい》は？」等々、何度となく問い合わせがあった。郷土史《きようどし》や地域の実情を知らなければ、地元に根ざした活動はできない。地域友好の重要さを青年たちに打ち込んでいった。「立川文化会館の中を全部見せてあげなさい」。近隣の人々を招き、文化祭などの映写会も行った。

「第二の本部」をゼロからつくる

ある時は「朝礼はどうなってるの？」と尋ねた。総務、管理、経理など、さまざまな部署に十数人。「全体朝礼」を毎朝行《おこな》っていた。

「効率が悪いね」と一言。月曜は全体がいい。火曜は部署別で、水曜が掃除。木曜は全体、金曜は部署別でどうだろう……朝の出発からリズムを変えていった。

館内をくまなく回った。「鏡を置こう」とも提案した。「『ヨーロッパのお城にも鏡があるだろう。鏡があると建物の中が明るくなるし、広くなる』と。まったく気づかない視点でした」（井迎美江子）。

「ここが白っぽい壁だけでは精神的にもよくないんだよ」「あの柱に鏡を」「あの壁にも」と次々に提案。館内の雰囲気《ふんいき》が一変した。

「鏡を見れば自分の姿もわかる。戸田先生は『身だしなみの乱れは、信心の乱れだぞ』と厳しくおっしゃっていた」

会議室や応接室などに時計、鏡、そして絵画などが設置された。立川での幾《いく》つかの提案が、現在の学会の会館のあり方にも反映《はんえい》されていった。「晴れやかな、爽《さわ》やかな職場にするんだ。ここから本部も変えよう」。「先生の一挙手一投足《いっきょしゅいっとうそく》は、まさに『第二の本部』をゼロからつくる勢いだった」（松山久夫）。

この年（昭和五十三年）の初め、池田は立川文化会館で語っている。

「信心とともに、人間革命とともに、組織も、より深く広く発展させていかなければならない。

また随縁真如《ずいえんしんにょ》の智《ち》（仏の深い智慧）で、時代の動向をも鋭《するど》くとらえ、先取《さきど》りして、近代的な組織としていくことは当然のことといえよう。そうでなければ、組織のみあって、その実態は死の組織となりかねない。死の組織は、もはや人間のためのものではない……ゆえに学会は、時に応じて変革していくのである」（第二東京・東北・信越合同本部長会）

〈寒風《かんぷう》に　一人立ちたり〉

同年二月五日。寒い日だった。会合運営を担当する男子部の「創価班」。この日も立川文化会館の屋外に立っていた。五階の窓からその姿を見た池田は、〈寒風《かんぷう》に　一人立ちたり　創価班〉と色紙に墨《すみ》で書き、ただちに届けた。この句は今も創価班の指針となっている。

また八月二十一日夜。その日着任していた創価班に、〈夜の門　君が守りて　幸の城〉と贈った。

◇

女子部で会合運営に携《たずさ》わる「白蓮《びゃくれん》グループ」。その愛唱歌「星は光りて」が誕生したのも同会館だった。

七月三日の夜。富士宮の大石寺から戻った池田は、代表がつくった歌詞の案を見て、その場で推敲《すいこう》。「日頃の労《ろう》に応《こた》えてあげたい」。女子部の幹部がペンを構える。口述《こうじゅつ》が始まった。

ふじの花手に ひとみ清らか
心美しく 地涌《じゆ》の友 まつ……

一番から三番まで。さらに「例えば、こんな感じで」とメロディーを口《くち》ずさんだ。「先生は、あっという間につくられました」。録音したテープから五線譜《ごせんふ》に起こした野田順子（当時の鼓笛部長）は語る。

◇

同じく初夏の夜だった。「牙城会《がじょうかい》として立文《たちぶん》の警備についていました」（伊藤多加幸）。最終点検で警備室を出た。一部屋ずつ、空調や電気の消し忘れなどをチェックしていく。

ところが、ある部屋から男性の歌声が聞こえてきた。もう会合はすべて終わっている。近づくにつれ、歌声が大きくなる。

いったいこんな時間に誰だ？「厳重に注意しようと、勢いよく部屋に向かいました」。すると、

「遅くまで、すみませんね」。伊藤は目を丸くした。声の主は池田だった。

「入ってよ。ジュースでも飲んで」「今、新しい壮年部の歌をつくっているんだよ」

池田がメロディーを口ずさむ。担当者が五線譜に書きとる。訂正、相談……何度も繰り返していた。

「先生は、こんな時間まで……いただいたジュースには手をつけず、正座《せいざ》したまま、しばらく歌ができていく様子を拝見しました」

「奥さんは元気？」

どきっとした。今でこそ夫妻で活躍する伊藤だが、その時、妻は未入会。学会が大嫌いで、伊藤が学会活動に出かけると機嫌《きげん》が悪かった。

十分ほどいただろうか。退席する際、池田はもう一度「奥さんに、くれぐれもよろしくね」。伊藤の妻は、翌年三月に入会した。

白蓮グループの歌「星は光りて」発表の三日後、壮年部歌「人生の旅」が発表された。

東京西部のジオラマ（立体模型）を前に、各地域の繁栄を願って語り合う（1977年12月、立川文化会館）　©Seikyo Shimbun

◇

六月三十日、立川文化会館の駐車場。ござに座った池田を囲み、即席《そくせき》の〝屋外《おくがい》座談会〟が開かれていた。

「今度『忘れ得《え》ぬ出会い』という題で、『サンデー毎日』に連載するんだよ。小さい時にお世話になったアパートのご夫妻とか、中国の周恩来《しゅうおんらい》総理とか」。

もうすぐ始める連載の構想。うれしそうに聞いているのは東久《ひがしく》留米《るめ》の婦人部員たちだ。

『忘れ得ぬ出会い』は、「初老《しょろう》の駅員」「パラシュートの米《べい》兵《へい》」「大好きな〝海賊《かいぞく》先生〟」など、折々《おりおり》に出会った人物の思い出を綴《つづ》ったエッセーである。

連れてきた子どもが動き回り、じっとしていられない婦人部員には「子どもは自由にしておきなさい。僕は何万、何十万の子どもを知っているんだよ」。近づいてきたその子の帽子《ぼうし》をパッととり、かぶってみせる。「とられたら、とりかえすんだよ」。「祖母が病気です。信心はしていませんが」との質問。御書（日蓮の遺文集《いぶんしゅう》）の一節（「転重軽受《てんじゅうきょうじゅ》法門」）を引いて「大丈夫だよ」と答える。「不眠症《ふみんしょう》で悩んでいる年配者がいます」との声には「（数珠《じゅず》を包む）袱紗《ふくさ》をあげよう」。「子どもたちには『お月さまの願い』のレコードを」。とどまることなく激励が続く。

その場にいるほとんどが、間近《まぢか》で池田会長を見るのは初めて。飾らない人々である。一人が「あっ」と叫んだ。池田の髪に交《ま》じる一筋《ひとすじ》の白いものを見つけたのだ。「誰が先生をいじめて、困らせているのですか！」。池田は笑いながら「面白《おもしろ》いメンバーだなあ」。

そして彼女たちを「お軽勘平《かるかんぺい》グループ」と呼んだ。お軽は、夫の勘平が主君の仇討《あだう》ちに参加するために力を尽くすのだが、誤解によって勘平は追いつめられ、自ら命を絶《た》ってしまう――「仮名手本忠臣蔵《かなでほんちゅうしんぐら》」で名高い悲劇の物語である。

ふとした油断で、人生を誤るな。隙《すき》を突かれ、〝いざ鎌倉〟の時に集《つど》えぬことになってはならぬ――彼女たちは師からの戒《いまし》めと受け取った。

「歴史を創《つく》るは この船たしか」

座談は続く。「歌を作ったんだ。今できたばかりだよ。会長は大変なんだ」。歌詞が配られ、テープが回り始める。「今晩、発表するんだよ」。

池田が作詞・作曲した、学生部歌「広布に走れ」である。皆で声を合わせて歌った。「学徒《がくと》の誉《ほま》れ」という歌詞。「みんなは〝地涌《じゆ》の誉れ〟だ」（「地涌」とは法華経で説く「地涌の菩薩《ぼさつ》」のこと）。

「歴史を創《つく》るは この船たしか」という歌詞。「ここは、創価学会のこと。創価学会についていけば絶対に間違いないんだよ。幸せになる」。丁寧《ていねい》に説明した。

「みんな、お昼はまだだろう？ ラーメンの出前をとってあげよう」

どうして、こんなにまで激励されるのか――数日後、山崎尚見（第二総東京総主事）が尋ねた。池田は言下《げんか》に答えた。

「ああいう健気《けなげ》な人たちこそ、学会には大事なんだ」

第二総東京婦人部長を務めた田代正子。「池田先生は当時の立川文化会館で、最前

「励まし」は場所を選ばない（1978年6月、立川文化会館の駐車場で）
©Seikyo Shimbun

線の会員一人ひとりに至るまで、あらゆる同志と共戦の絆《きずな》を結ばれたように思えてなりません」。

◇

桜井博・みず江夫妻が経営していた「サッポロラーメン熊王《くまおう》」。立川文化会館から徒歩二分。池田が東久留米の婦人部にふるまったのは、このラーメンである。「立文《たちぶん》で先生とお会いした時、『行くよ』とおっしゃり、翌月、本当に来てくださったんです」。

職人気質《かたぎ》で、味に頑固《がんこ》な店員の小林政利（副支部長）。しかし、池田を目の前にして、さすがに緊張した。自慢の味噌《みそ》ラーメンを出すつもりだった。気づいたら、しょうゆラーメンをつくっていた。

「庶民《しょみん》の味だね」「チャーシューもおいしいよ」と、池田は汗をふきながら笑った。喫茶店のトリアノン、タガンタガン。一休園《いっきゅうえん》、中原商店、バッカス……時間を見つけては足を運ぶ。「大丈夫ですか」「売れてますか」と気さくに声をかけた。

「昭和五十三年夏、信濃町の学会本部で池田先生に挨拶する機会がありました」と語る井口しげ子。「〝立文〟の地元から来ました」と伝えると、「とにかく近隣を大事にね。頼むよ」と念を押された。十数年後、再び本部で池田と言葉を交わした。「その時も『懐《なつ》かしいね！　近隣を頼むよ』と励まされまして。皆が集まる城を守る、という一点に徹しておられるんだと実感しました」。

◇

立川駅南口で割烹《かっぽう》「活増《いけます》」を営《いとな》む田中喜一郎（立川池田区主事）。池田が立川を訪《おとず》れるたびに注文が入った。運営役員への激励である。

ときには〝所化の方々に〟と池田から依頼を受け、近郊の寺まで饅重を届けたこともあった。出てきた僧が、奥にいる僧に向かって「おい」と声をかけた。

「その時、彼は、私が運んできた料理のお膳《ぜん》を見下ろし、手を使わず、足だけで、部屋の奥へ押し込んだ。信じられなかった。『お前らは俺たちと同じ人間じゃない』と言わんばかりの態度だった」

「僧俗和合《そうぞくわごう》」の大義《たいぎ》に甘えた出家《しゅつけ》は、人として腐《くさ》っていた。
「ここで怒れば、先生と学会に迷惑がかかる」――田中は礼を言い、寺を後にした。

「どんな立場になろうと、私は私である」

一九七九年（昭和五十四年）の元日。聖教新聞の新年号に、池田は「希望の暁鐘《ぎょうしょう》」と題する一文を寄せた。その末尾《まつび》に記された言葉こそ、二〇一一年（平成二十三年）元旦の勤行会で紹介された戸田の和歌だった。

妙法の
　広布の旅は
　　遠けれど
　共に励まし
　　共々に征かなむ

この和歌は、学会の歴史の節目に、繰り返し口ずさまれてきた。第一次宗門事件が本格化した七七年（同五十二年）には、池田の筆による歌碑《かひ》が、学会本部の庭に設置された。その碑文《ひぶん》。

〈広宣流布のその日まで　勇《いさ》んで三類の嵐を乗り越え　恩師のこの和歌を永遠の原点となし　異体を同心として　仏意仏勅《ぶついぶつちょく》のために共戦しゆくことを　ここに誓うものなり〉

どんなに「広布の旅」が遠く思えても、共に励まし合いながら進んでほしい――あたかも、戸田が自身なき後の学会のあり方を遺言《ゆいごん》したかにも思える、この和歌を、池田は「永遠の原点」と位置づけたのである。たとえわが身にどのような障害《しょうがい》が襲いかかろうと、同志が互いに励まし合うならば、必ず「広布の旅」は確固たる軌道《きどう》となる――池田は立川の地で、その「励まし」の究極《きゅうきょく》のモデルを残そうとしたとも言えよう。

◇

四月二十三日。池田は立川文化会館から、信濃町の学会本部に向かった。玄関を出る際、見送る職員たちに告げた。

「随分《ずいぶん》長くお世話になったね」「私は、変わらないからね」

会館を出た。交差点を曲がる。静かに見送る学会員の姿が数人、視界に入った。車の窓を開けて手を振る。

「ちょっと行ってくるよ」「何があっても〝みんなの先生〟であることに変わりはないんだよ」

その場にいて、元気に手を振った桜井みず江。「あの時、先生の言葉の意味はよくわかりませんでした」。四月二十五日朝。聖教新聞の配達をしていた桜井は、配《くば》り終えるまでの一時間で、一面に載《の》った「会長勇退《ゆうたい》」の記事を二回読み直した。「あの時の言葉からしても、『何かがあったんだろう』と感じた。涙が出てしょうがなかった。自分はふがいない弟子だと思った」

その日。辞任後初の本部幹部会を終えて、池田は再び立川文化会館へ。翌日には富士宮の大石寺に向かう予定である。「『もう一度、新しい学会をつくり直そう』と言われた」（吉原篤夫）。〈学会本部に私の指揮を執《と》るべき席はなく、小さな管理者室で執務を続けたこともあった〉（二〇〇八年＝平成二十年六月二十三日付「聖教新聞」）という時期の始まりである。

辞任から十二年後。池田は次のように語り残している。

「しゃべるなと言われても、書くことができる。書くなと言われれば、音楽を弾《ひ》いてでも激励できる。また、あらゆる角度からのスピーチで、正邪《せいじゃ》を見わける力《ちから》を皆に与えることもできる。

どんな立場になろうと、私は私である。どんな圧迫《あっぱく》があろうとも、私は愛する学会員のために働き続ける。それが、この十数年間の私の決意であり、戦いであった」（一九九一年＝平成三年十二月十七日付「聖教新聞」）

その主戦場は、横浜港のほとりにも広がった。

第六章

今、再び創立する時

——昭和五十四年、神奈川

「わが国の政治の実態《じったい》は、今なお一部の権力者《けんりょくしゃ》の支配する政治である」――一九五五年（昭和三十年）四月二十七日の夕方、国鉄（現・ＪＲ）の橋本駅近く（神奈川県相模原市）。人いきれに包まれた集会で、二十七歳の池田大作は熱弁を振《ふ》るっていた。個人演説会の応援弁士である。当時、文京支部長代理。相模原《さがみはら》は同支部の活動範囲で、しばしば訪《おとず》れていた。

「そもそも政治は、民《たみ》のためにある」。拍手とかけ声に沸《わ》く場内。池田の声が響《ひび》きわたる。

「今こそ、われわれ国民のための政治を取り戻す時である。それこそが、このたびの選挙である」

「底辺の人々に自信と誇りを」

同年春に行われた第三回統一地方選挙。その前半戦で、創価学会は初の選挙支援を行《おこな》い、東京都議選（大田区）と横浜市議選（鶴見区）で初陣《ういじん》を飾った。さらに後半戦は五十二人を支援。なかでも、相模原市で立った井上シマ子は当時、三児の母。学会が支援する初めての女性候補だった。

この半年後、保守《ほしゅ》合同で自由民主党が誕生。いわゆる「五五年体制」の前夜である。演説した日の日記に、池田は綴《つづ》った。〈五時より、神奈川の橋本へ行く……皆、勝たしたい。負ければ、本人も、家族も、応援した多数の人々が悲しむ。可哀想《かわいそう》だ。負ける戦《いくさ》は、させてはならぬ〉。

上田忠男（相模栄光区副区長）は「一人ひとりをじっと見つめる池田先生の温かい眼が忘れられない」と語る。

◇

「貧乏人と病人の集まり」と揶揄《やゆ》される人々の声を、社会に、具体的に反映する。その挑戦の始まりだった。

「子どものころは、何の具《ぐ》も入れず、ただ醤油《しょうゆ》で煮ただけの、細いうどんばかり食べていた」と振り返るのは金井ハツヱ（相模太陽区副婦人部長）。「信心を始めたわが家には何もなかったけど、『幸せになってみせる』という活気があった」。

激戦の末、井上は定数三十で堂々の第二位に。相模原で市制初の女性議員となった。

「社会の底辺の人々が、何よりも自信と誇《ほこ》りを持つことができた」（木下武司、副本部長）。

「小林町の、池田さんの所《ところ》へ行きなさい」

草創期の神奈川で奮闘《ふんとう》したのは、主に「鶴見支部」と「文京支部」の人々である。川崎市の周辺は、池田の故郷である東京・大田区を中心とする「蒲田支部」の流れも強かった。

川崎に住んでいた田﨑光男。当時としては比較的、生活は安定していた。しかし友人の連帯保証人になり、多額の借金を背負ってしまう。妻は出産後の鬱《うつ》で入院。「藁《わら》にもすがる思いで、お寺勤《づと》めの叔母《おば》に相談した」。

叔母の円谷《つぶらや》マサヨ。十数年間、ある僧のもとで給仕した。日蓮正宗《にちれんしょうしゅう》の第五十九世法主《ほっす》を務めた、堀日亨《ほりにちこう》その人である。宗内きっての碩学《せきがく》。創価学会が宗門の興隆《こうりゅう》に果《は》たした功労をよく理解し、「宗門から学会をとったら何も残らない」とまで語っていたという。そのもとにいた円谷は学会員ではなかったが、日亨を訪れる戸田城聖《じょうせい》（創価学会第二代会長）や、池田とも交流があった。

悩みを打ち明けた田崎に、円谷は答えた。「本物の信心が知りたければ、宗門ではないよ。東京の、大田の小林町におられる、池田さんの所《ところ》へ行きなさい」。

一九五七年（昭和三十二年）の四月、田崎が訪ねた時、池田は大阪を駆け回っていた。出迎えたのは妻の香峯子《かねこ》である。「仏壇《ぶつだん》以外に目立った家具もない、さっぱりしたお宅でした」。

田崎の窮状《きゅうじょう》を聞いた香峯子。「この御本尊様は、力《ちから》ある御本尊様です。この信心はしっかりやった分だけ結果が出ますよ。家庭の問題も必ず解決します」と、自《みずか》らの確信を語った。

「反発心もあった。でも『力ある御本尊』という凜《りん》とした一言に、不思議と心を動かされました」。数日後に田崎は入会。生活は少しずつ好転《こうてん》していく。

香峯子は、田崎一家が住む川崎まで、御本尊の安置に出向いた。週刊だった聖教新聞を郵送したり、はがきで座談会の日程を知らせたり、こまめに心を配った。

「うちにあったものですが」と『折伏教典《しゃくぶく》』を贈ったこともある。「裏表紙をめくると『池田大作』との鉛筆《えんぴつ》書きの署名。書き込みも、たくさんありました」（田崎光男）。

妻のルリ子は無事に退院したが、信心に消極的だった。ある日出席した座談会。香峯子と一緒になった。「娘の朋佳《ともか》を背負い、おむつを持って参加した」というルリ子。

子育てが大変で、と愚痴《ぐち》をこぼした。「奥様は『大変ね。うちにも小さい男の子がいるのよ。一緒に頑張《がんば》りましょうよ』と励《はげ》ましてくださって」と振り返る。

この時、ルリ子に背負われていた娘は後《のち》に、東京の文京総区婦人部長として活躍する。

「七つの鐘《かね》」の問いかけ

池田と香峯子が、夫婦して青春の思い出を刻《きざ》んだ神奈川。横浜港のほとりに神奈川文化会館（横浜市中区）が誕生したのは、一九七九年（昭和五十四年）の四月だった。地上十階、地下二階。当時の学会では最大級の会館である。

開館記念の勤行会は四月十四日。昼と夜の二回、行われた。その両方に池田は出席。自ら司会役をかってでる一幕もあり、晴れの勤行会は賑《にぎ》やかな「ジャンボ座談会」となった。

池田に指《さ》された人が、一言ずつ近況を話す。「いま七十三歳。生涯この道を歩みたい」と語る友。数百人を前に緊張《きんちょう》のあまり、「長女が無事に結婚できてうれしい」と報告する婦人。場内が笑い声に包まれる。

「一言話して」と促《うなが》され、マイクの前に立った臼倉《うすくら》晴代。草創の鶴見支部を支えた一人である。母の喘息《ぜんそく》が理由で入会した。貧しい同志が多かった。それが、こんな立派な会館ができて……苦楽を共《とも》にしてきた仲間の笑顔が視界に入る。声が詰《つ》まった。「泣いちゃいけないよ」。池田が助け船を出す。「苦労したんだね」とねぎらった。

氷川丸が浮かぶ横浜港を望む神奈川文化会館で、集った同志をピアノ演奏で激励する池田
（1979年11月、横浜市）　©Seikyo Shimbun

◇

夜の部の勤行会。式次第は池田会長の指導に移《うつ》った。「神奈川へ最初に訪れたのは三十年前であったように思う……」。語り始める池田。不意に、場内に呼びかけた。

それは、学会草創の人々にとって、忘れることのできない、ある日の出来事《できごと》についての問いかけだった。

「私は、昭和三十三年五月三日の春季総会で、『七つの鐘《かね》』の構想を発表した。その場にいた人は？」

すぐに、あちこちから手が挙がった。その数は一〇〇人を超えた。翌々日の聖教新聞には、笑顔の彼らと池田の記念撮影が載《の》っている。

代表して五人が登壇したと、記録にはある。その一人、浜畑勲（港南総区主事）。

「池田先生から『君たちが証明役になりなさい』と言われた。万感の思いを込めて話しました」。

――戸田先生亡き後、学会は崩壊《ほうかい》する、空中分解すると言われていました。私は、久里浜の特別少年院の教官でした。戦場のような職場。彼らの更生《こうせい》を御本尊に祈る毎日でした。

突然、戸田先生の訃報《ふほう》を聞き、希望を失ったと感じました。しかしその一カ月後、池田先生が「七つの鐘」の構想を発表してくださったんです――

畳《たたみ》の香《かお》りも新しい「広布《こうふ》の間」。出席者はじっと聴き入っている。

昭和五十四年の春を目指して

——「七つの鐘」。それは創価学会の「希望」そのものだった。

一九五八年（昭和三十三年）四月二日。第二代会長の戸田城聖は五十八年の生涯を閉じる。

戸田は生前、「学会は七年ごとに大きな歩みを刻んでいくのだ」「七つの鐘を打て」と語っていたという。学会の歴史を七年ごとに区切り、その歩みを「鐘」を打ち鳴らす行為に譬《たと》える——それが「七つの鐘」の発想である。

第一の鐘＝学会創立（一九三〇年＝昭和五年）から、機構が整い発足《ほっそく》するまで。

第二の鐘＝牧口の獄死《ごくし》まで。

第三の鐘＝戸田の会長就任まで。

第四の鐘＝戸田の逝去《せいきょ》まで。

池田が「七つの鐘」の構想を発表したのは、戸田を失ったひと月後。発表直前の日記に苦衷《くちゅう》がにじむ。

〈意義深き五月三日、目前に迫る。実質的——学会の指揮を執《と》る日となるか。胸苦《くる》し、

荷重《におも》し。「第五の鐘」の乱打〉（一九五八年＝昭和三十三年四月二十九日）

恩師の偉業《いぎょう》を歴史に刻む。

◇

同志を悲しみの淵《ふち》から救い出す。

「この戸田の生命よりも大切」と託《たく》された学会を死守し、マスコミの中傷《ちゅうしょう》をはね返す……。

「七つの鐘」の構想は、幾《いく》つもの難題を乗り切る羅針盤《らしんばん》となっていく。

その発表から、ちょうど二年後の五月三日、池田が第三代会長に就任。会長としての毎日は、自ら示した「七つの鐘」の理想と共にあった。

第五の鐘＝戸田の逝去から七年間。三〇〇万世帯を目指し、わずか五年で達成した。

第六の鐘＝正本堂建立《しょうほんどうこんりゅう》まで。この間、学会は七五〇万世帯に。

そして第七の鐘＝昭和五十四年の春まで。

『七つの鐘』こそ、すべての学会員の心の支えだったと思います」（臼倉晴代）。「第七の鐘が鳴り終わる記念の式典は、昭和五十四年五月三日。学会にとって最高の記念日となるはずだった」（大場好孝、ＳＧＩ理事長）。

この「七つの鐘」の総仕上げを控《ひか》え、神奈川文化会館に集《つど》った人々が、池田と共に

「七つの鐘」を鳴《な》らしてきた同志であることは言うまでもない。

「一人立つ精神」

浜畑の話が続いている。

――「七つの鐘」の構想を聞き、再び希望が見えました。勇気が湧《わ》きました。あの日、両国に集った人々が全国に散った。だからこそ、現在の学会があると思います――

語り終えた浜畑に、池田は笑顔で「頭がずいぶん白くなったな」。満座《まんざ》に明るい笑い声が広がった。

この九日前、既に第三代会長辞任が決定していた。「七つの鐘」という希望を抱きしめ、絶え間ない試練を乗り越えてきた戦友たちが、目の前にいる。しかし、まだ誰も会長辞任決定の事実を知らない……。池田は会場後方を指さした。振り向く参加者。そこには、「一人立つ精神」と記《しる》された額《がく》があった。獄死《ごくし》した初代会長・牧口常三郎《つねさぶろう》の筆である。

「人それぞれ、さまざまな人生がある。しかし、信心だけは潔《いさぎよ》く貫《つらぬ》いていかねばならない」
「学会においても幾《いく》つかの転換すべき節目がある。いかなる時も、牧口先生のように〝一人立つ精神〟で生き抜いてほしい」

これが、池田が「第三代会長」として公式に行った、最後の指導となった。

翌月。〝最高の記念日〟のはずの五月三日は、あろうことか「会長辞任式」ともいうべき行事になったのである。会場の創価大学中央体育館。壇上の右側が、袈裟《けさ》を着た僧の集団で埋《う》まっていた。池田は終了後、信濃町の学会本部ではなく、神奈川文化会館に直行した。学会員が池田に指導を求めることもできない。聖教新聞に登場することも、ほとんどない——池田は何重にも活動の手足を縛《しば》られた。

神奈川を舞台に、新たな戦いを、どう起こすか。その日々を追う。

励ましの〝声〟をピアノの旋律《せんりつ》に乗せて

一九七九年（昭和五十四年）のある日、神奈川文化会館。大広間で会合が行われていた。

突然、会場前方の扉《とびら》が開いた。池田の姿。わーっ、と歓声が上がる。

池田は人差し指を口《くち》に当て、「しーっ」。会場が静まるのを見て、ピアノに向かった。

「私は話をしてはいけないことになっているから……」。

「ならば」と、ピアノの旋律《せんりつ》を〝声〟にしたのだ。「大楠公《だいなんこう》」(「青葉茂れる桜井の」)、「人生の並木路」など数曲を弾いた。拍手が起こる。再び指を立て、「しーっ」。池田は、そのまま会場を後にした。

その場にいた聖教新聞のカメラマンは、「語りたくても語れない思いを込め、鍵盤《けんばん》を叩《たた》かれていると感じた」と述懐《じゅつかい》する。

◇

同会館の事務室。東海道女子部長の稲富久美子は待っていた。池田が一階ロビーに現れるや、飛び出した。

――転勤の多い、ある夫婦が神奈川に赴任《ふにん》してきた。信心は強盛《ごうじょう》である。「その夫婦に会って励ましていただけないかと、池田先生にお願いしたんです」。

池田の瞳《ひとみ》は厳しかった。

「私から会員を呼ぶわけには、いかないじゃないか!」

「がんじがらめの状況だった池田先生の心を何も知らなかった。背景がわかったのは、だいぶ後になってから。申し訳ない限りでした」

知恵を絞《しぼ》った。「たまたま会うのなら、誰も咎《とが》めようがない」。翌日、その夫婦をロビーに呼び、池田が通りかかるのを待った。「よく来たね！」。満面に笑みの池田。懇《こん》談《だん》が始まった。

要するに、来る人は拒《こば》まず。全力で励ますことができる。だが、こちらから人を招《まね》き、会合を開くと、宗門等が騒ぎかねない。学会と会員を守るために、神経をすり減らす日々が続いた。

「今が一番幸せなんだよ」

体の不自由な徳井きみ子が、神奈川文化会館に着いたのは、五月三十一日の午後だった。「館内を見学中、役員から『今すぐロビーに！』と案内されました」。ロビーでは、池田が青年たちと懇談していた。「自分なんかが居てはいけないのでは」。焦《あせ》った。「心配しなくていいよ」と池田。「一緒に勤行しよう」。仏間へ促《うなが》された。題目を唱えながら、涙が止まらなかった。

よちよち歩きのころ、ポリオ（小児まひ）に罹《かか》った。一九五三年（昭和二十八年）に入会。小学校は母に背負われて通《かよ》った。同級生に「小児まひがうつる」といじめられた。家計が苦しくなり、母も勤めに出たため、小学四年生で学校を断念《だんねん》。悔《くや》しくて泣いた。そんな時、学会の座談会で凜々《りり》しく体験発表する、女子部の先輩に憧《あこが》れた。

「私もあのようになりたい」。

――題目が終わった。池田は「君は本当に幸せな顔をしているね」と語りかけた。

「足が悪くないからといって、それだけで幸せとはいえない。君の足は確かに不自由だけど、君は今が一番幸せだね」。「今が一番幸せだね」と、三回繰《く》り返した。

「その時はよくわからなかった」と徳井は語る。地道に学会活動を続けるなかで「自分の励ましを必要としてくれる人がいる」という事実に気づいた。うれしかった。他人のために動くのは、こんなに幸せなことなのか。「やっと先生の言葉の意味がわかった。学会員でよかった」。

同年の冬、結婚した。夫も足が不自由だった。二人して学会活動に励む。「すべての会合には出られない。辛《つら》い時もある。先生とのあの出会いが原点です」。徳井は〈日蓮が弟子等は臆病《おくびょう》にては叶《かな》うべからず〉という御書（日蓮の遺文集《いぶんしゅう》）の一節（教行証御書、御書一二八二ジペー、新一六七五ジペー）が好きだ。

「はい、元気ですよ」

五月二十七日、神奈川県の九大学の学生と出身者が合同総会を行った。池田は総会ではなく、終了後の祝賀会で挨拶《あいさつ》に立った。横浜国立大のOBとして参加した敦岡幸夫（東海道教育部長）。「先生の挨拶は短時間。気迫のこもったまなざしでした」。

翌日の聖教新聞。わずか八行だけ、「招待された」池田が挨拶したと報《ほう》じている。

同じ日――妻の香峯子は横浜市神奈川区にいた。片倉第一大ブロックの婦人部総会。会場の山口ゆき子宅に約五十人が集った。「今日も元気で」「幸せのワルツ」などの合唱、体験発表に続き、「日眼女《にちげんにょ》（鎌倉時代の信徒）の信心に学ぶ」と題し研究発表したのは、二十四歳の八木美智子。「夫は信心に反対でした」。父が脳梗塞《のうこうそく》で倒れたことを報告した。「負けないでください」と袱紗《ふくさ》を渡す香峯子。四年後に信心を始めた夫はのちに、神奈川総区の団地部長などを務めた。

質問会で、香峯子が「何かありますか？」と問うと、一斉に数人が手を挙げた。

「池田先生をもっと聖教新聞に載せてくださいと頼みました。『伝えておきます』と答えられた笑顔が忘れられません」（西津文子、地区副婦人部長）

夫人の香峯子が横浜市神奈川区での婦人部総会に出席（1979年5月27日）
©Seikyo Shimbun

「先生はお元気ですか？」――。「にっこり微笑《ほほえ》んで『はい、元気ですよ』と。あの一言で、ほっと安心しました」（林あや子、地区婦人部長）。

清久まり子（支部副婦人部長）も夫が信心に反対し、御本尊も安置できなかった。香峯子が会場に入ると、会場が、ぱーっと明るくなった。「私もこんな女性になりたいと思った」。その後、夫は次第に理解を深め、十年後に入会した。

この五月二十七日は今、「神奈川女性部の日」になっている。

「今、戦わなければだめなんだよ」

神奈川での池田の挑戦は、二点に集約

できる。

第一に、目の前の一人を全力で励まし、「真実の同志」との絆《きずな》を取り戻す。

第二に、世界につながる横浜の港を望みながら、新たな戦いを起こす。そのために、新しい人を育てる。

◇

「今までは忙《いそが》しすぎてできなかったけれど、前から一番やりたかったんだ」。会長辞任後の池田の望みは、草創からの功労者《こうろうしゃ》宅を、一軒ずつ訪問することだった。

同年六月には「ありのままの人間として、本当の友人らしく、本当の庶民らしく。もう一回、そういうものを学会に取り戻そう」と語っている。神奈川では辞任四日前、横浜市旭区の金澤進太郎宅（四月二十日）に始まり、合間を見つけては回った。

七月二日午後、池田は長瀬軍三《ぐんぞう》宅（金沢区）へ。「みんなの追善《ついぜん》をしようね」と御本尊の前に端座《たんざ》した。

「とても暑い日でした。クーラーがなかったので扇風機を準備しました」（義娘《むすめ》の長瀬邦子、金沢総区副総合婦人部長）。長瀬は若き池田のもと、文京支部保土ケ谷地区の地区部長だった。湘南、熱海、沼津、甲府……「だぶだぶの古着を着て弘教《ぐきょう》に走りました」。

池田は〈いざやいざ長瀬の家のにぎやかさ〉など三句を色紙に認《したた》めた。「お金がなくなったらこれを売ってね」と冗談も。「四時間半があっと言う間に過ぎました」（長瀬邦子）。

六月二日、吉澤敏雄・婦美江宅（鶴見区）を訪問。

「会いたかった」と上郎泰《こうろう》（南区）の両手を握りしめたのは、六月二十二日夜九時だった。「今日は疲れた。創価学園生と会ったが、大勢から難しい質問をたくさんされて」と笑う。

「幾つに？」。上郎が「七十五です」と答える。池田に促《うなが》され、戦争中に軍属《ぐんぞく》としてインドネシアに赴任した苦労を語った。「お若い。二十年も三十年も、生きて、生きて、生き抜いてください。祈ってますから」と励ます。

上郎は信越に八年間、夫婦で毎月通い、一地区五班（約一〇〇〇世帯）を築いた。泰が亡くなった時、池田は妻の悦子に和歌を届けている。

〈懐かしき久遠《くおん》の友の旅立ちにひと呼吸《いき》休みて晴れの帰還《きかん》を〉

九月二十九日には山岸忠次・多美子宅（南区）を訪問。来日中のフランスの同志も呼んだ。

「信心して何年？」と聞かれた多美子。一九五四年（昭和二十九年）から鶴見支部で戦ってきた。「あの日は慌《あわ》てて、満足な準備もできないまま、先生をお迎えしました」と恐縮する。

「折伏は?」「……一〇〇世帯くらいでしょうか」「謙虚《けんきょ》な人ですね。その三倍、戦ってるよ」。横にいたフランスのメンバーにも「この人、輝いているでしょう」と紹介した。

「昔、戦ったからいいのではない。今、戦わなければだめなんだよ」。全員で記念のカメラに納まった。

十年後、二十年後を

八月十三日。世界四十四カ国・地域から一三〇〇人が神奈川文化会館に詰《つ》めかけた。「国際親善友好の集い」である。

中華街を擁《よう》する地域の婦人部副本部長だった家守三栄子。二カ月前、人材育成グループである神奈川婦人部「国際部」の一員になった。「ほとんど外国語もできない。『なぜ?』と思った」。池田から「今から語学を勉強しなくてもいい。御書を真剣に学ぶんだ」と励まされた。

この日、中米ベリーズから来日した六人の付き添いに。「その中に結婚間近《まぢか》の二人がいた。彼らは先生に伝えるのを遠慮していました」。家守は「師匠には何でも報告していいのよ」と語り、池田のもとへと促《うなが》した。池田夫妻は喜び、二人にスカーフを贈って祝福した。

「ああ、言葉の問題ではないのだ、仏法の心を伝えるのが私の使命なのだと思った」。三十年余、華僑《かきょう》のメンバーも多く住む地元の要《かなめ》となってきた。

◇

十七歳だったカレン・デアースも「あの日が原点です」と語る。横浜生まれ。父は米軍基地の文官、母は日本人。この日、役員を務《つと》めていた時、先輩から声をかけられた。

会館の事務所前に池田が立っていた。ほかにも留学経験者らが数人。

「これからテストをしよう。一人ずつ質問するからね」。先輩が英語で問いかける。最年少だったカレン。よどみなく答えられた。「一番上手だね」と微笑む池田。居合わせた全員に「十年後、二十年後を待っているよ」と期待を寄せた。

友好の集いが始まった。「先生は世界中から集まったメンバーに対し、まるで家族と接するようでした」。通訳になりたい――おぼろげな夢が、カレンの心で輪郭《りんかく》を描き始めた。

四カ月前、両親が離婚していた。母は家計を切り詰め、大学へ進学させてくれた。『十年後、二十年後……』の先生の言葉が励みでした」。

国際会議で力を磨き、日本を代表する生命保険会社の社長通訳も務めた。二〇〇九年（平成二十一年）、ＳＧＩ（創価学会インタナショナル）公認通訳に。あの神奈川文化会館での出会いから三十年の節目だった。

今、学会の国際部をはじめ、多くの友が国際交流に尽力する。一人ひとりに蒔《ま》いた〝励ましの種《たね》〟。土の中に植えた種は目に見えなくても、やがて困難をはねのけ、長い歳月をかけて花が咲き、果実が実る。

「正義の旗」

「こどもの日」の出来事だった。「玄関から十歩ほど出たところでした」。島幸子（婦人部副本部長）は、ふと神奈川文化会館の玄関を振り返った。「ちょうど池田先生が会館に入るところだったんです」。目が合う。あっと驚く間もなく、すたすたと近づいた池田。「今日は何しに来たの？」「写真展を家族五人で見学に来ました」。

「夫、三人の娘と握手してくださり、私には『御書をよく勉強するんだよ』と言われました」

島は、「会長でなくなっても、先生は何も変わらない」と思った。「弟子の私が頑張《がんば》らなくては」。自治会などのボランティアに人一倍《ひといちばい》取り組んだ。

後年、東京・八王子で開かれた「学会特別記念展」に行った。人混みのなか、池田の書に吸い寄せられた。

「正義」

と記されている。「なんて激しい字だろう」。その脇書《わきがき》を見て、島は思わず声をあげた。

〈五十四年五月五日　神奈川文化にて〉

家族全員が池田と握手した、あの日ではないか。

脇書は、〈われ一人正義の旗持つ也《なり》〉と続いていた。

池田が、この「正義」の書を掲《かか》げて、到着を待った一隻《いっせき》の船がある。

その船は、四国からやって来た。

◇

一九七九年（昭和五十四年）十二月六日夜、神奈川文化会館の応接室。池田はソ連

（当時）のグジェンコ海運《かいうん》大臣らを迎え、再会を喜び合った。学会の県長会の代表も同席。会見が終わり、来賓《らいひん》一行が池田と共に応接室を後にする。

四国長だった久米誠一郎は、副四国長の井下尚重と、会館の窓から外を眺めていた。山下公園の向こうに横浜港が広がっている。右手に大型貨客船《かきゃくせん》の氷川丸《ひかわまる》。左手に大桟橋《おおさんばし》が見える。「四国の皆を乗せた大きな船をあの桟橋につけて、先生のもとに来たいな」。久米の言葉に、井下はうなずいた。

十二月二十七日。中央会議の翌日、久米は池田に前代未聞《ぜんだいみもん》の提案《ていあん》をした。返答は「待っているぞ。無事故でいらっしゃい」。四国文化会館。事務局長の井下の電話が鳴った。「決まったぞ！」と久米の声。八〇〇人を超える同志と横浜港へ向かう。日付は年明けの一月十四日――。「それからの準備が大変だった」と井下は笑顔で振り返る。

四国の人間にとっては、ごく自然な発想だった。本州四国連絡橋が架《か》かるまで、本州への主な移動手段は船だった。静岡の大石寺にも「登山船」を設《しつら》えて行った。危険ではないか――再考を迫《せま》る本部の幹部もいた。「ふだんの登山で駿河湾《するがわん》まで行っています。少し延ばして、横浜港まで行くだけです」と丁寧《ていねい》に説得した。

「これで勝ったぞ。二十一世紀が見えた」

今、先生が動けないなら、こちらから行こう――。

出航まで三週間足《た》らず。正月返上で準備は進んだ。関西汽船の尽力で船の都合がついたのは一月六日過ぎだった。八〇〇〇トン級の「さんふらわあ7《セブン》」。神奈川行きの連絡はもう四国全土をめぐっている。

一月十三日の午後一時、高松港。一〇〇〇人を超す人々に見送られ、船はゆっくりと動き出した。留守を預かる井下。船影が見えなくなるまで両手を振り続けた。

その時、船内には思いがけない緊張が走っていた。

〈「ええ、何ですって？ 中止？ 今、中止と言われたんですか？」。学会本部からの船《せん》舶《ぱく》電話。東海上に低気圧があり、航海に危険を伴《ともな》うため中止にしてはどうか、との連絡だった〉（『池田先生と四国』聖教新聞社刊、二〇一〇年）。

受話器をとった久米。冷静に伝えた。「出航した以上、あとは船長の判断に任《まか》せてまいります」。返答を待つ数分が、無限に思えた。電話が鳴った。池田からの伝言だった。

「船長の判断に任すの件、了解。待っている」

◇

この「さんふらわあ7」に、愛媛の新居浜《にいはま》から一組の親子が乗っていた。神山恭子と娘のみどりである。

創価大学一期生のみどりは都市銀行に四年勤めた。退職直後、立川文化会館ロビーで池田と懇談する機会があった（一九七九年＝昭和五十四年四月十日）。

「愛媛に帰ります」。みどりの報告に耳を傾ける池田。仕事、学会活動、人生の悩み――。

……当時すでに、みどりの郷里の新居浜では、寺の横暴《おうぼう》は目に余るものがあった。「お講《こう》は針のむしろだった」（母の恭子）。「学会をやめないと地獄《じごく》行きだ」「塔婆《とうば》供養しないと不幸になる」との脅《おど》しに、怒りを抑《おさ》え必死に耐えていた……。

気づけば、懇談は三十分を超えていた。池田は「今から大事な会議があるので、これでね。今日から変わるよ」と言い残して、エレベーターに乗った。

この日、立川文化会館は緊迫《きんぱく》した。副会長会議に集まった二十数人に、会長辞任が告げられた。その直前まで、池田は一人の若い同志を励ましていたのである。

実家に戻ったみどりは、女子部の本部長として懸命に地元を支えた。

横浜港の大桟橋で、遠来の友を見送る（1980年5月）。この年、四国の同志は「さんふらわあ7」で3度、神奈川を訪れた
©Seikyo Shimbun

年の瀬だった。〃希望者で船に乗って横浜に行こう〃と連絡が来た。母と娘に迷う理由はなかった。切り裂《さ》かれかけた師弟の絆を結び直すため、船は横浜港を目指した。

◇

一月十四日の横浜は晴天だった。午前十一時、中華街の喫茶店「ミカド」。各種の報告を聞きながら、池田は時計に目を落とした。「まだか、まだかという感じでした」（稲富久美子）。

十一時四十分に神奈川文化会館に戻った。十分あまりで外に出た。部屋の中で待っていられなかった。

横浜港に、ひときわ鮮《あざ》やかな船が現れた。白い船体に大きな太陽のマーク。

「行ける人は全員、大桟橋で歓迎しよう」と指示が飛ぶ。大曾根洋江（東海道総合婦人部長）をはじめ役員も急いで飛び出した。「息を切らせて到着すると、先生はもう大桟橋に立って、船を見つめておられた」（川井三枝子、総神奈川副婦人部長）。「建物の玄関で迎えられたのではなく、真冬の大桟橋にまで行かれました。どれほど喜んでおられたか」（岡本雅子、南横浜総県婦人部議長）

「ようこそ神奈川へ」の横断幕。音楽隊が四国の歌「我等の天地」を奏でる。「世界一の歓迎を」と池田が手配した。船から歓声が聞こえる。

正午、接岸。池田は言った。「これで勝ったぞ。二十一世紀が見えた。ありがとう！」。

◇

この年（一九八〇年＝昭和五十五年）、四国の友は三度、「さんふらわあ7」で神奈川に集った。その思い出を綴《つづ》った文集「さんふらわあ7と私」。「今でもはっきり覚えていることがある」（新田和子、副本部長）等々、何人もの参加者が、神奈川文化会館に到着した印象を書き残している。

〈先生直筆の大きな「正義」の文字が掲《かか》げられていた〉（松岡清道、高知総県壮年部長）。

〈「正義」の二字を拝見した時には、熱いものが胸にこみ上げた〉（丸尾千枝、副本部長）。

池田が自《みずか》ら用意した、最高の歓迎の書だった。

二つの光

「よく着いたね。婦人部の力《ちから》でしょう。壮年じゃないな」。神奈川文化会館に笑い声が弾ける。青年部のために、とピアノに向かう池田。「四国神奈川交流幹部会」の四時間は矢のように過ぎていった。

午後七時、「さんふらわあ7」は横浜港を離岸《りがん》。黒い水面《みなも》に、白い街灯の光が幾筋《いくすじ》も垂《た》れている。

何分経《た》っただろうか。神奈川文化会館の窓という窓を照らしていた電灯。それが、次々と消えていく……やがて全館が消灯した。

見上げる窓に、小さな光が一つ、ともった。光は二つになった。動き始めた――池田と香峯子《かねこ》だった。真っ暗な室内で、二人は、ゆっくりと懐中電灯を回していた。

「遠いところ、ご苦労さま」。呟《つぶや》いた香峯子の目には光るものがあった。

「懐中電灯で見送っておられます」――会館から船舶電話も入った。船内放送にどよめきが起きた。われもわれもと右舷《うげん》に走った。「危ないので全員が甲板《かんぱん》に出ないように」と再び船内放送。寒さも忘れて、仲間と懐中電灯で合図を返した男子部員もいた。神山みどり。女子部数人で、小さな手鏡を会館に向けた。「少しでも光を反射《はんしゃ》できないかと思って。見えるはずはないんですけど」と笑う。「どうしても『ありがとうございます！』と池田先生に伝えたかった」。

船長の山下弘。無事に航海を終えた感想を残している。

「初めて学会の人を乗せた。何というか、言葉では言い表せませんが、本当に爽《さわ》やかな気分です」

◇

後年のことである。竹村俊資（四国主事）は、聖教新聞カメラマンの牛田恭敬《やすのり》に、一枚の古い新聞のコピーを差し出した。

「これを見てください」

あの日、横浜港の大桟橋で四国の同志を出迎えた場面。花束を渡す役員の手前に、男性の両手だけが写っている……それは池田の手だった。竹村は、その場面にいた久米誠一郎から、新聞のコピーをもらっていた。今も手元に残してある。

「先生の姿が新聞に載らなかった。その悔しさを今も忘れません」

海を越えた、この師弟の再会のドラマは、当時、ただ四国と神奈川の同志の胸にだ

1980年1月16日付の聖教新聞に掲載された写真。横浜港に着いた四国の友を迎えるにぎわいの中、右手前に、拍手する池田の両手が写っている
©Seikyo Shimbun

け深く刻まれたのである。

◇

舞台は〝懐中電灯の一室〟に戻る。

池田が言った。

「明日は『成人の日』だ。二十歳の代表に会いたいね」

翌日昼、十一人の新成人が神奈川文化会館に集っていた。

通された「同志の間」。墨《すみ》の香《かお》りが漂《ただよ》っている。直前まで池田が色紙に揮毫《きごう》していた。二十枚以上、乾《かわ》かしてある。「安穏《あんのん》」「歓喜」「友」「和」……。会えない同志を励ますために書かれたものだった。「その場で新成人の男性に『大桜』、女性に『百福』と書いていただいた」

（荒井このみ）。

「次の学会を頼むよ」。一緒に山下公園へ。「二人の子どもを連れた夫妻が先生に駆け寄り、すぐ激励が始まりました」（中後勝弘）。夕食は質問会になった。

応接室を見学した際、芳名録に全員が署名した。一つ前の頁《ページ》——画家の平山郁夫のサインがあった。池田の『敦煌《とんこう》を語る』や井上靖との往復書簡『四季の雁書《がんしょ》』の装《そう》画《が》も平山の作品である。

二日前、池田と文明論、仏教文化論などをめぐって一時間ほど会談していた。

新成人たちは、大成した芸術家と等しく「賓客《ひんきゃく》」として遇《ぐう》されたことに驚いた。

〈天味《てんみ》 かをりの 女王かな〉

胸襟《きょうきん》を開いた池田の対話は、会員であるか否《いな》かを問わなかった。

神奈川文化会館から西に歩いて約十分。フランス料理と洋菓子の店「かをり」がある。一九四七年（昭和二十二年）に創業。同店が立つ山下町七〇番地——横浜開港の翌年、日本初の近代的ホテルが誕生し、西洋料理店が併設《へいせつ》された。日本の〝洋食発《はっ》祥《しょう》の地〟である。伝統の洋菓子は、横浜で二〇一〇年（平成二十二年）に開かれたA

ＰＥＣ（アジア太平洋経済協力会議）でも各国首脳に振る舞《ふま》われた。

池田が同店を訪れたのは一九八〇年（昭和五十五年）一月。社長令嬢の板倉敬子（現社長）の案内でエレベーターへ。板倉は、いつになく肩に力が入っていた。

「若い女将《おかみ》さんですね」。池田は気さくに声をかけた。「あれで緊張をほぐしていただきました。威圧感《いあつかん》がない。包《つつ》み込む人柄《ひとがら》。初めてお会いした気がしませんでした」。

懇談後、池田は丁重《ていちょう》に礼を述べて店を出た。……二階から数人のコックたちが顔を出し、手を振っている。

「失礼だから止めなさいと言ったんですが……」と板倉は苦笑い。「飾らない振る舞いで、皆、ファンになった。池田会長は何度も振り返り、手を振ってくださいました」。

二十年後。板倉は届けられた池田の写真集を手にした。悠然《ゆうぜん》と佇《たたず》む白雪《はくせつ》の富士。手前には咲き誇《ほこ》る桜。

「感銘を手紙に綴り、洋菓子を添えて届けました」

池田は、感謝の言葉とともに、

〈何という
天味《てんみ》 かをりの
女王かな〉

との句を贈った。

◇

一枚の写真が絆を結ぶ。一九八〇年（昭和五十五年）四月。奄美《あまみ》大島に住む八十一歳の中原タミコは、横浜の息子に会いに来た。「せっかくだから」と二人で神奈川文化会館へ向かった。〝先生がおられるなら一目でも〟。遠巻きに待った。やがて池田が現れた。

「奄美で拠点《きょてん》をしています！」。元気なタミコの声を聞くや否や「カメラ、カメラ」。写真記者に指示が飛ぶ。三人で写った記念写真。池田の手を握る中原が、真ん中で笑っている。激励はそれで終わらなかった。中原の帰島後、聖教新聞の記者が奄美にやって来た。「聖教グラフ」で紹介するという。特大の写真がグラフの三頁分を飾った。見出しは「毎日毎日 楽《たの》しゅうて」。

「今もわが家の宝《たから》です」（娘の重信たづ）

◇

神奈川文化会館の職員だった木田和子。池田と記念撮影した人の名前や郵送先を記録する係だった。小走りでメモを渡して回収。後日、焼き増しされた写真を全員に届けた。木田の記録では、七九年（同五十四年）四月からの一年間、池田が同会館で記念撮影した人数は「一八八七人」に上《のぼ》る。この一人ひとりと結んだ共戦の絆が、神奈川の宝となっていく。

〈立川の友 神奈川の友 この友情を生涯 忘れまい〉

舞台は横浜から、再び立川へ――。「会館に来られるたびに、私たちにまで気を配り、励ましていただきました」(立川文化会館の初代管理者、大村悦子)。

八〇年(同五十五年)春のことだった。立川文化会館の横の公園。すべり台の上から降りず、「先生に会うんだ」と言ってきかない幼児がいた。会館近くの喫茶店「タガンタガン」。池田は幾度となく足を運び、経営する吉丸《よしまる》富太夫妻を励ましてきた。その長男・太朗である。

太朗は二年前、車にはねられた。頭蓋骨《ずがいこつ》骨折、脳挫傷《のうざしょう》。唇《くちびる》が剝《は》がれた。千葉にいた池田は、すぐさま長文の伝言を送った。

「題目をあげ抜きなさい。子どもの宿命《しゅくめい》は親の宿命なのだから……今、信心が試されているのだ。絶対にひるまないで信心をやり通しなさい」

また「二十歳になったら、これを使って勤行《ごんぎょう》を」と一貫目《いっかんめ》ろうそくを届けたこともある。

瀕死《ひんし》の重傷だった太朗。幸い、後遺症《こういしょう》も傷跡も残らなかった。

その太朗が、すべり台から動こうとしない。池田が立川文化会館から姿を現した。厳しい表情だった。太朗は池田の姿を見るや、大声を張り上げた。

「せんせい、がんばって！」

池田は笑って応《こた》えた。「太朗！　ぼくもがんばる！　絶対、大丈夫だよ。頑張るからな！」。

この日、池田は静岡の大石寺に向かっている。学会と会員を守る戦いに、休日はなかった。

◇

会長辞任から二年半を経《へ》た八一年（同五十六年）十一月二日。創価大学中央体育館で立川圏・西多摩圏合同総会が行われた。場内に幾千人の熱気が立ち上っていた。

総会の終わりには「嗚呼黎明《ああれいめい》は近づけり」を皆で歌った。

池田が扇《おうぎ》を持って立った。縦横《じゅうおう》に舞う。全員の視線が一身に集まる。大合唱の余韻《よいん》が残るなか、参加者の方に手を伸ばす池田。今使った扇を、誰かに手渡そうとした。

血気《けっき》盛んな青年部が、われ先にと手を伸ばす。〝君たちじゃない〟。ひらりと扇を戻した。

最前列の一番端《はし》。池田は車いすの青年のもとへ向かった。

奥山耕造。五歳で筋ジストロフィーと診断され、「二十歳まで生きられない」と言われた。池田から扇を渡されたこの時、ちょうど二十歳だった。

◇

養護学校（当時）で高校の課程を卒業した。手先が器用だった。基板《きばん》のはんだ付けの仕事で「耕造の仕事は直さなくていい」と喜ばれた。立川文化会館などで行われる「自由グループ」（身体に障がいのある人の集い）の会合に出席するようになった。

「一度でいい。池田先生に会いたい」と願い続けた。総会の日は強い雨。家族は「無理しないほうが」と心配したが、頑《がん》として退《ひ》かず、自宅から創価大学へ向かった――。

会場前方で大拍手が起こった。「一緒に参加した私にも、先生が耕造に扇を渡されたとわかりました」（母の奥山みどり）。地元の婦人部員たちも、まるで自分のことのように喜んだ。

「息子が、あの扇にどれほど勇気づけられたか……。三年前まで毎日題目を唱え、四十八歳まで精一杯、生き抜くことができたのです」

のちに池田は、この総会について綴った（二〇〇三年＝平成十五年十一月四日付「聖教新聞」）。

〈さあ、新しい黎明《れいめい》の時だ。ここ数年の暗闇《くらやみ》を打ち破り、新しい学会を、今再び創立する時が来たのだ〉

一週間後、池田は大阪の地に飛んだ。十一月八日、関西七府県の代表を激励。翌九日から徳島、香川、大阪、和歌山、奈良、滋賀、福井、岐阜、愛知、静岡へ。十二月に入ると、大分、熊本、福岡へ、東京では板橋、江東、世田谷、江戸川などへと足を運んだ。

会長辞任以来の本格的な激励行の開始である。

年が明け、一九八二年（昭和五十七年）元旦。「この年が勝負だ」――池田の提案により、神奈川文化会館で盛大に新年勤行会が行われた。

八階から地下二階まで、使える場所は、すべて使った。集った会員の数は、延《の》べ一万七〇〇〇人超。会館を取り巻く人の輪は、山下公園まであふれた。

今、同志は気兼《きが》ねすることもなく、池田と共に新たな〝航海〟に出発しようとしていた。

この月、池田は書き留《とど》めている。

立川の友

神奈川の友
　この友情を
生涯 忘れまい。
　　　合掌

第七章

ニューヨーク、「迫害《はくがい》と人生」、「紅《くれない》の歌」

「ファイブ、シックス、セブン、エイト！」

響《ひび》きわたる演出家の声。

舞台にひしめくダンサーたちが弾《はじ》けるように踊《おど》りだす――ミュージカル界で知らない人はいない傑作《けっさく》「コーラスライン」。その冒頭シーンである。

初演は一九七五年（昭和五十年）五月。三〇〇席足らずの小さなパブリック・シアターだった。

チケットはたちまち「ニューヨークで最も入手困難《にゅうしゅこんなん》」に。ブロードウェーの興行《こうぎょう》記録《きろく》を塗り替え、アメリカ演劇界最高の栄誉《えいよ》である「トニー賞」九部門を獲得《かくとく》。十五年間、六一三七回に及ぶロングランを続けた。

伝説のミュージカル。その〝生みの親〟の一人が池田大作の弟子だったことを知る人は少ない。

「常に傷ついた人の側《がわ》に立つ」

ミション・ピーコック（総合本部副婦人部長）は七一年（同四十六年）、ニューヨークで信心を始めた。勉強熱心なダンサーだった。悩んでいた。生き馬の目を抜くショービジネス。当時は新作の数が減り、ダンサーにとって不遇《ふぐう》の時代だった。

「七三年（同四十八年）夏、日本で池田先生とお会いしました。その時、『真に偉大な宗教は、常に傷ついた人の側《がわ》に立つのだ』と教わったのです。『コーラスライン』の原型となるアイデアが浮かんだのは、その翌年でした」

「ダンサーのための作品」を作ろう。親友のトニー・スティーブンスと語り合った。「仲間がどれほど才能《さいのう》を発揮《はっき》し、舞台に貢献《こうけん》してきたか。高いレベルを求められるのに、扱《あつか》いがひどく、苦しむ友達も多かった」。

ミションは、振付師《ふりつけし》として名高いマイケル・ベネットと一緒に仕事をしたことがあった。相談した。〝ダンサーの体験を共有する機会〟をもちたい。「乗り気になったマイケルから『やろう。二十人のダンサーを集めてくれ』と頼まれ、集まったのは土曜の夜中。雪が降っていました」。

七四年（同四十九年）一月二十六日。スタジオを学会員の仲間から借りた。生い立ち。今の悩み。夢。ダンサーたちの〝体験談〟は翌日の昼まで続いた。飽《あ》くことなく語り続けた。「今振り返ると、あの集《つど》いは一つの〝座談会〟だったといえます。誰もが同じように悩み、喜ぶ存在だと皆に知ってほしかった」（ミション・ピーコック）。

完成した「コーラスライン」。舞台は質素《しっそ》なオーディション会場だ。白人、黒人、アジア系、ユダヤ系、カリブ海出身……集まったダンサーたちに、通常なら聞かれることのない、型破《かたやぶ》りな質問が投げかけられる。

「〝履歴書《りれきしよ》に書いていないこと〟を話してくれ」「〝自分はいったい誰なのか〟を」。無名のダンサーたちは、それまで誰にも話せなかった〝人間としての体験〟を赤裸々《せきらら》に語り始める。家族、子ども時代の記憶、焦《あせ》り、希望……歌も台詞《せりふ》も全て、ミションの呼びかけから集まった〝ダンサー自身の体験談〟が素材《そざい》だ。この斬新《ざんしん》な演出が、圧倒的な共感を呼んだ。

「コーラスライン」がヒットした後、歌って踊って演技もできるダンサーたちが次々と登場し始めた。「私にとって大切なのは、ダンサーたちの地位が劇的に変わったことです」とミションは振り返る。「池田先生は『倒れた場所から再び立ち上がれ』『全てはあなたと共《とも》に始まるのだ』と、絶《た》え間なく励《はげ》ましてくださった。深く感謝しています」。

池田は強調し続ける。「創価学会の原点は座談会にある」（二〇〇九年＝平成二十一年十月七日付「聖教新聞」）。海外ではそのまま「ザダンカイ」と言われることもある。世界のどこでも、学会活動の基本は座談会だ。

アメリカSGI（創価学会インタナショナル）理事長のダニエル・ナガシマ。「人種《じんしゅ》や年齢を超え、生活の悩みを語り、励まし合う……『コーラスライン』は、アメリカにも根づき始めた『座談会』の息吹《いぶき》から生まれたのだと思えてなりません」。

しかし、「コーラスライン」がブロードウェーを席巻《せっけん》したわずか数年後、ニューヨークの学会員たちは、その座談会をまともに開くことさえ難しい状況に陥《おちい》る。日蓮《にちれん》正宗《しょうしゅう》（宗門）の僧たちによる迫害《はくがい》が、海を越えて広がっていたのだ。

「一番上は猊下《げいか》。一番下は君たち」

男子部員のダニエル・ナガシマが大学院を修了し、ニューヨークに住み始めたのは一九八〇年（昭和五十五年）六月だった。池田の会長辞任から一年が過ぎていた。近所の学会員宅へ挨拶《あいさつ》に行く。何かがおかしい。信心の熱意がない。そもそも座談会が行《おこな》われていない。

タリク・ハサン（アメリカ壮年部長）。カリフォルニア大学バークレー校で博士号を取ったばかりだった。「私は支部の男子部リーダーでしたが、『地区』と呼べる組織すらなかった。皆の顔から喜びが消えていた」。陰《かげ》に僧と檀徒《だんと》の動きがあった。「ニューヨークの僧はよく、三角形のピラミッドを、二本の横線で三層《さんそう》に区切る図を描いた。『一番上が御本尊と猊下《げいか》だ。一番下が君たちだ。間に立つ役割が我々僧侶《そうりょ》である』と。権威《けんい》を悪用し、アメリカの同志を支配しようとした。同調者も出た」（ダニエル・ナガシマ）。

孤軍奮闘《こぐんふんとう》していたニューヨークのリーダーはデイビッド・カサハラ。彼を中心に集《つど》い、祈り、点在《てんざい》するメンバーを励まし続けた。

〈破壊《はかい》は　一瞬《いっしゅん》

建設は　死闘《しとう》

惰性《だせい》は暗　希望は明

後退は死　前進は生〉

池田の詩「建設の譜《ふ》」の文言《もんごん》を、五体に刻《きざ》むような日々だった。

そうした渦中《かちゅう》、ニューヨーク州南東部のロングアイランドに住む青年部員が、古書店で一冊の本を目にした。十九世紀アメリカの詩人、ホイットマンの評論集である。アパート近くにホイットマンの生家《せいか》もあった。代表作の『草の葉』をはじめ貴重な資料が展示されている。「池田先生が来られたら、必ずご紹介したい」と思っていた。

ウォルト・ホイットマン。池田が最も親しんできた詩人だ。没後《ぼつご》一〇〇年を記念して綴《つづ》った長編詩（「昇りゆく太陽のように」、一九九二年＝平成四年）には、ホイットマンへの敬愛の念が満ちている。

〈青春の懊悩《おうのう》のなかで出合った
あの一冊の詩集に
私は
どれほど心躍《おど》らせたことか
『草の葉』――〉
〈あの日から
私とあなたとの対話が始まった
……わが征路《せいろ》を照らして
ヒューマニズムの大道へと
私をいざなってくれた

……あなたが逝《ゆ》いて　はや百年――

しかし

私はあなたとともにあった〉

古書を買い求めた青年。「記念に届けよう」と、夫婦で日本語訳に挑んだ。多忙な中の素人《しろうと》作業。なかなか進まない。ニューヨーク青年部の仲間も手伝ってくれた。翻《ほん》訳《やく》ができたのは一九八一年（昭和五十六年）も春を過ぎたころだった。

「今日は私が創価班、牙城会《がじょうかい》だからね」

同年六月十六日。ソ連（当時）、欧州の五カ国を経《へ》て、池田はニューヨークに到着した。北米滞在は三週間。カナダでは池田の訪問から二十周年の総会、シカゴでは観客二万人の大文化祭が予定されていた。

八カ月前。池田はアメリカ最大のメンバー数を抱《かか》える西海岸のサンフランシスコ、ロサンゼルス、さらに首都ワシントン、シカゴ、ホノルルなど各地で指導を重ねた。ロスで行われた第一回ＳＧＩ総会は四十八カ国・地域から一万五〇〇〇人が集った。残る大都市がニューヨークだった。

五日間、池田はニューヨーク会館、AP通信社の訪問などのほかは、主《おも》に個人指導に徹した。

「先生は、最高幹部にも、一会員にも、運営の役員にも、一切の分け隔《へだ》てなく声をかけられました」（タリク・ハサン）。

摩天楼《まてんろう》の喧噪《けんそう》から西に離れたグレンコーブ市内で、人の集まれる宿舎《しゅくしゃ》を借りた。

入会三年目だったマギー・ヤマモト（支部婦人部長）。「初めての出会いです。どんな方なのか興味がありました」。芝生《しばふ》の上で昼食会が開かれた。その間も池田は歩き回り、一人ひとりに声をかけ続ける。「長旅でご自身がお疲《つか》れだったでしょうに、先生の振る舞いに心打たれました」。

池田は提案した。「順番に勤行《ごんぎょう》をしよう」。ニューヨークのメンバー二〇〇人が集っていた。御本尊のある部屋は狭《せま》かった。「今日は私が創価班、牙城会《がじょうかい》だからね」。池田自《みずか》ら運営役を買って出て、一人ずつ部屋に導く。すぐ満員になった。「全員との勤行が終わるまで十回近く、繰り返されたと記憶しています」（タリク・ハサン）。これほど多く勤行をした記録はほとんど見当たらない。あくまで少人数の集いを重視《じゅうし》した。

◇

グレッグ・マーチン（西部方面副壮年部長）。役員として着任していた。学生時代は長髪にジーパン。いわゆる「ヒッピー」だった。明るい人柄。着任の合間も冗談《じょうだん》をとばし、周りを楽しませる。運営責任者は何度か注意し、ついに「きょうは帰っていい」と叱《しか》った。「与えられた責任は、ちゃんと果たしているのに」。グレッグは夜中まで題目をあげて、翌日も役員を志願した。意地だった。

宿舎内の小道。ばったり池田と出くわした。「先生から誘われ、一緒に食事することになったのです。周りは大幹部ばかりでした」。池田はその一人に言った。「学会幹部はユーモアのセンスが大事だ。同志を安心させるためのリーダーだよ」。驚《おどろ》いたのはグレッグである。「あっ、俺が正しかった！」。心の中で叫ぶ。次の瞬間、池田はグレッグの顔を見すえた。「だけど、いつも冗談ばかり言っている人は一番危ない。真剣さが足りないからね」。

「あの一言には心の底から驚いた。前日の出来事は誰にも話していなかったのに、なぜ見抜かれたのか……細かいことを聞かずとも、何かを感じとられたのでしょう」。一瞬の出会いがグレッグの心を変えた。「あの日、『誰よりも仲間を安心させられるリーダーになろう』と決意しました」。

◇

「冷戦《れいせん》」を痛感する一幕《ひとまく》もあった。「アメリカに来る前、ソ連に行ってきたんだよ。

その時の映像を見よう」。池田がそう提案した時、メンバーの大半が言葉を失ったのだ。空気が固まった。それほど米ソの関係は悪かった。

池田は続けた。「そういうことじゃ、いけないいんだよ。米ソの民衆が仲良くなるしか、世界平和の道はないじゃないか。私の弟子ならば、どうか私を信頼して、見てほしいんだ」。

シナノ企画のカメラマンがモスクワからいったん日本に持ち帰り、徹夜で編集して運んだフィルム。人形展に目を輝かせるモスクワ市民、日本の紙風船で遊ぶ子ども、和《なご》やかに池田との対話に応じるソ連の指導者たち……「『百聞《ひやくぶん》は一見に如《し》かず』とは、まさにあのことでした」(ダニエル・ナガシマ)。二十分ほどのフィルム上映が終わると、あちこちから歓声がわきおこった。

返礼の長編詩

池田の訪米に合わせて、東北、北海道、関西、中部の学会員が「親善《しんぜん》交流使節団」として渡米《とべい》。数人一組になり、四十会場を超える座談会に参加した。

交流団員の中には現在、「東日本大震災」の被災地《ひさいち》である宮城、岩手、福島、青森で暮らす人々もいる。彼らの証言からも、宗門の横暴のひどさがうかがえる。

宮城の柏倉千恵（仙台・青葉総区副婦人部長）。「ニューヨークの支部長から深刻な事態を聞きました。『仕事で赴任《ふにん》していたヨーロッパから帰国すると、僧や檀徒らの画策《かくさく》で、多くの人が退転していた』というのです」。

加藤幸子（石巻市在住、東北副教育部長）。「わざわざ三つ向こうの地区から座談会に来た健気《けなげ》な女子部員もいました。宗門の暗躍《あんやく》で、自分の地区や隣の地区が切り崩されていたのです」。

岩手の島田義道（宮古太陽県主事）。「マンハッタン郊外の座談会。遠方から何時間もかけて集っていた。『一度やめた人が学会に戻りたい場合、どうしたらいいか』等々、宗門がらみの質問が相次いだ」。

「黒人の多い地区で、日本人よりも勤行が上手でびっくりした」と語るのは福島の三本松芳郎（総福島主事）。「『わが地区からは一人の退転者も出ていません』と胸を張っておられた」。

大橋純子（福島第一総県婦人部主事）。「教員資格がありながら黒人差別で働けなかった女子部員がついに教壇に立てた、という体験談に感動しました」。

◇

アメリカ青年部の代表と芝生の上で懇談（1981年6月、ニューヨーク）
©Seikyo Shimbun

ソ連から始まった〝六十一日間の強行軍〟も終盤戦《しゅうばんせん》である。コンコルドで大西洋を越えたため、強烈な時差ぼけで参ったスタッフもいた。

「お疲れでなければいいが」。欧州から同行してきたスタッフの一人。池田の体調を案じていた。

まだ夜は明けていない。緑したたるテラス。池田は椅子に腰かけていた。一人だった。「やはり……」。だが疲れた様子はない。考え事をしているようだった。「おお、早いね！」。池田は言った。「原稿用紙あるかな」。未明《みめい》といっていい時間帯である。だがそのスタッフは、長編詩を一気に口述筆記《こうじゅつひっき》した、あのパリの地下鉄にも同行していた。意図を察《さっ》し、大急ぎで探す。
勢いよく詩作が始まった。「順番を間違えないよう、原稿用紙の隅《すみ》に番号をふりました」。
交流団の金子芳枝（仙台・青葉総区副婦人部長）。「夜中から朝までかかって詩を書かれたとうかがいました」。スタッフが三人がかりで口述筆記したという証言もある。
「今　病《や》みゆく世界の中にあって
　アメリカ大陸もまた
　同じく揺れ動きつつ
　病みゆかんとするか」
口述の間が少し空いたら、直ちに清書。同時にもう一人がメモを構える。スピードについていくため、次々と交替していく。
「愛すべき自由の天地アメリカの
　確かなる歓喜と繁栄《はんえい》と
　清新《せいしん》なる人間愛を
　今　再び
　断固として

構築していかねばならない」

島田義道と豊川広光（青森・八戸市在住、副本部長）は六月二十日の朝、交流団の代表として池田と勤行したことを覚えている。

先に妻の香峯子から挨拶があった。「主人は朝から詩の作業をしています。今も手直ししているので、少しお待ちください」。

同行スタッフに池田は、「この詩は、あの詩の本への返礼《へんれい》でもあるんだよ」と語っている。〝詩の本〟――宗門に苦しめられていた最中《さなか》、ニューヨークの青年たちが翻訳した、あのホイットマンの評論集だった。愛する青年から届いた真心の一冊。その感謝の念を池田は、全米の青年部に贈る長編詩へと昇華《しょうか》させた。

この日の午後、池田はホイットマンの生家を訪問している。

「あの訪米で〝長い干《かん》ばつ〟が終わったのです」

同日、午後四時。マンハッタンの中央を横切る77通りに立つ高校で、日米親善交歓《こうかん》会《かい》が行われた。現地メンバーが「スキヤキ（上を向いて歩こう）」や「森ケ崎海岸」を合唱すれば、東北からの交流団が和服姿で日本舞踊《ぶよう》を披露《ひろう》した。

男子部のティム・デニスと女子部のサンドラ・ガイアーが舞台に立った。今朝、完成したばかりの池田の長編詩「我が愛するアメリカの地涌《じゆ》の若人《わこうど》に贈る」を朗読し始めた。

「蓮華《れんげ》の花の如《ごと》く
自己の尊き完成への坂を
汗をふきながら上《のぼ》りゆくのだ」

――俳優志望のティム。その重厚《じゅうこう》な美声《びせい》に会場は聞き惚《ほ》れた。ニューヨークが苦境にあった時、地道な活動を貫《つらぬ》いた一人だ。揺れ動く友のもとへ一軒一軒、対話に歩いた。

激しい黒人差別の残る時代。「怒りも自己嫌悪《けんお》もあった。しかし、あの詩で先生は、人種や国籍を超えた『地涌の菩薩《ぼさつ》』としての使命を教えてくれた。『私は誰なのか』を教えてくれた」。そう語り残している。

「私は広布への行動の一切を
諸君に託《たく》したのだ
一切の後継を信ずるがゆえに
今　世界のすみずみを歩みゆくのだ」

講堂内の温度計は華氏《かし》百度（摂氏三十八度）。参加者は汗を流しながら、身じろぎもせず耳を澄《す》ましている。

「君達が
　小さき道より
大いなる道を創《つく》りゆくことを
私は信ずる
ゆえに
私は楽しく幸せだ」

——朗読が終わった。大地を揺るがすような喝采《かっさい》が講堂を包んだ。

「あの詩でニューヨークの組織は蘇生《そせい》しました」（パトリシア・カサハラ、ニューヨーク圏副婦人部長）。「巨大な肩の荷が下《お》りた気がした。『この瞬間から新しいアメリカの歴史が始まる』と感じた」（タリク・ハサン）。「詩の長さに驚いた。どれほど力《ちから》を注いでくださったのか」（スティーブ・サパスタイン、アメリカ副壮年部長）。

「コーラスライン」誕生のきっかけをつくったミション・ピーコック。この会場にいた。「あの先生の訪米で〝長い干《かん》ばつ〟が終わったのです」。当時を振り返り、笑顔で語った。

長編詩は交流団メンバーも鼓舞《こぶ》した。佐々木博夫（総岩手社会本部長）。「青年への慈愛《じあい》の深さを感じた」。

◇

加藤幸子は「翌日のバスの中で読み、感動しました」と語る。二〇一一年（平成二十三年）三月十一日の東日本大震災による津波で石巻市の自宅一階が損壊。義母と長女を亡くした。

「『信仰とは

何ものをも恐れぬことだ

何ものにも紛動《ふんどう》されぬことだ

何ものをも乗り越える力だ

何ものをも解決していく源泉だ』。

今もこの一節を読み返す度《たび》、胸にジーンと来ます」。かみしめるように語った。

宮城・亘理《わたり》町の佐藤ふじ子（当時、支部指導長）。訪米中、いつも亡き夫の写真を首にかけ、語りかけた。「お父さん、ニューヨークに着きましたよ」「ほら、ミシガン湖の上を飛んでいますよ」。ナイアガラの滝で記念撮影があった。佐藤の姿を目にした池田。立ち止まり、静かに両手を合わせた。翌朝。交流団宛《あ》てに池田から多くの伝言が届いた。その一つ――「御主人の写真を持っておられる方に」。佐藤への記念の品が添《そ》えられていた。

こまやかな励ましの手は「陰《かげ》の人」へ届く。ナイアガラの滝まで東北メンバーが乗ったバス。その運営役員だった男子部員トモヒデ・ヒラノ（トロント、副本部長）にまで、池田は〈君もまたナイアの滝の勇者たれ〉と一句を記《しる》し、励ましている。

「この三月十一日、日本に旅行中だった次男が仙台で被災。途方にくれていたところ、学会の青葉平和会館に避難して助けられました。同志のありがたみを感じるとともに、本当に縁とは不思議なものだと思いました」（トモヒデ・ヒラノ）

継承される師弟の道

二〇一一年六月。ホイットマン生家協会は池田に「文学の英雄賞」を贈った。三十年前に池田が訪れた、その場所で授与式が行われた。四〇〇人が参列。連邦議会の上院議員二人からの祝電などが紹介されるなか、三人の青年がマイクの前に立った。池田の長編詩を朗読した。

とりわけ太く、美しい声が響いた。「あっ、あの時と同じ声！」――年配の参加者たちが驚いた。思わず涙をこぼす壮年もいる。その声の主は、三十年前のあの日、池田の長編詩を初めて朗読したティム・デニスの息子、ライアン・デニスだった。

「父はいつも『自分が来た時よりも良い状態にして、その場を去れ』と教えてくれました」。ライアンは語る。「俳優として華々《はなばな》しい活躍はなかった。しかし笑顔を絶やさず、誠実に信頼を広げ続ける人生でした」。

多くの人から愛されたティムは二〇〇八年（平成二十年）、天寿《てんじゅ》を全《まっと》うした。「父は誰にでも、どこででも堂々と仏法を語った。父の姿と、あの先生の詩を通して、私は師弟の道を知ったのです」。

ニューヨーク大学教授で、十九世紀アメリカ文学を教えるカレン・カルビーナ。池田の詩は「〝必ずしも隣人ではない人々〟に、常に手を差し伸べている」と指摘する。

さらに彼女は、ホイットマンと池田の共通点を語る。「どちらの詩も、多様な人々を受け入れながら、私たちとの心の距離をほとんどなくしてくれるのです」。

講演「迫害と人生」

六十一日間に及ぶ北半球一周の旅を終えた池田は、七月八日に帰国。その後も多忙を極《きわ》めた。同月、会長の北條浩が亡《な》くなる。第二回SGI総会（八月、ハワイ）、「日蓮大聖人第七百御遠忌《ごおんき》」（十月、大石寺）等々、大行事が続いた。

「創立者に講演をお願いしたい」。創価大学の学生たちが池田に要請したのは、夏《なつ》ごろのことである。その前年（一九八〇年）、創大は十周年の佳節だった。この年に「創大祭」（秋の大学祭）の実行委員長を務《つと》めた綿原範夫。「先生に記念講演をお願いしました。残念ながら実現しなかった」。翌一九八一年（昭和五十六年）の学生自治会中央執行委員長だった高田英典。「だから八一年は『今年こそは』という思いだった。でも直前までどうなるかわからなかった」。

当時、池田の次男である城久が創大職員だった。恰幅《かっぷく》のいい城久の笑顔を、多くの学生が覚えている。「学生自治の理想、大学の展望についても親身《しんみ》に語っていただいた。本当にお世話になった」（疋田孝、学生自治会経済学部執行委員長）。「どんな相談にも乗ってくれる〝頼もしい兄貴《あにき》〟のような存在。ロビーで気さくに学生と話し合う姿もたびたび見かけました」（山本直、全寮代表）。八〇年（同五十五年）末から創大祭の常任委員長として準備を重ねた萩原賢。「『なんとしても創立者に、どんなテーマでも、自由に話していただく場をつくりたい』という学生の思いも、城久さんは正面から受け止めてくださった」。

池田は学生たちの意を酌《く》んだ。講演「歴史と人物を考察――迫害と人生」が決まったのは、創大祭のわずか三日前だった。「音響《おんきょう》の設定を大急ぎで変更しました」（吉江悟、創大の放送部員）。急ピッチで準備が進んだ。

十月三十一日昼。講演は創大祭のオープニングセレモニーとして行われた（中央体育館）。司会を務めた坂野昭久。「あんなに緊張《きんちょう》したことはなかった。直前に池田先生から『本当の話をするからね』という伝言が会場の学生にも伝えられました」。「先生は真っ赤な直しの入った、B5サイズの原稿の束《たば》を持っておられた。『時間が足りなかったよ』と笑いながら、悠然《ゆうぜん》と入場されました」（恒岡義洋、創大祭実行委員長）。

二年前の五月三日。会長辞任の本部総会が行われたのが、まさにこの場所だった。学生の要請を受けて、池田は同じ場所に立った。「人生における迫害や流罪《るざい》のもつ意義を、時間の都合上、簡潔《かんけつ》に探ってみたい」。満場の学生を前に、古今東西の人物論を語った。

冤罪《えんざい》で大宰府《だざいふ》に流された菅原道真。

幽閉《ゆうへい》中に名文を残した頼山陽《らいさんよう》。

〝獄中座談会〟を開いた吉田松陰。

祖国から追放された詩人・屈原《くつげん》。

第11回創大祭で創立者の池田が「迫害と人生」をテーマに記念講演
(1981年10月、東京・八王子市)　©Seikyo Shimbun

屈辱《くつじょく》を忍《しの》び『史記』を綴った司馬遷《しばせん》。
投獄と抵抗の連続だったガンジー。
亡命《ぼうめい》期に傑作を書き続けたユゴー。
酷評《こくひょう》され続けた天才画家セザンヌ。

革命後の最も苦しい時期に「青年よ今こそ学べ」と訴えたレーニン。

「その多くが、逆境や試練続きの人生を闘い抜いた人物です。当時の心境を、そのまま学生に訴えられたような気がした」(萩原賢)。「とにかく厳しい雰囲気。毅然《きぜん》と原稿を読まれる姿が印象的だった」(大久保哲也、創大祭副実行委員長)。

末尾《まつび》近くの原稿。「私も一仏法者として一庶民として、全くいわれなき中傷と迫害の連続でありました。しかし、僭越《せんえつ》ながらこの〝迫害の構図〟に照らしてみれば、迫害こそむしろ仏法者の誉《ほま》れであります。人生の最高の錦《にしき》であると思っております。後世の歴史は、必ずや事の真実を厳しく審判《しんぱん》していくであろうことを、この場をお借りして断言しておきます」。

実際の講演で池田は、「厳しく審判していくであろう」という一文を「厳しく糾弾《きゅうだん》していくであろう」と読んでいる。そしてこう結んだ。

「若き学徒の諸君にあっても、長いこれからの人生の旅路《たびじ》にあって、大なり小なり悔《くや》しい嵐の中を突き進んでいかねばならないことがあると思いますが、きょうの私の話が、その時の一つの糧《かて》となれば、望外《ぼうがい》の喜びであります」

学生代表から花束を受け取り、退場する池田。拍手はしばらく鳴りやまなかった。四十六分の講演だった。

「紅《くれない》の歌」

池田の会長辞任を知った時、どこで何をしていたか——当時の創大生にも覚えている人は多い。「四月二十四日、大学の食堂です。ＮＨＫのトップニュースで『池田会長、勇退《ゆうたい》』と流れ、騒然《そうぜん》となった」（疋田孝）。「滝山寮で先輩から聞いた。大学に入ってまだ二週間でした」（石黒正司）。「寮に戻る坂道でした。寮から出かける同級生が、すれちがいざま『池田先生が会長を辞められたぞ！』と教えてくれたのです。一生、忘れられない光景です」（山本直）。

学生自治会の中央執行委員長だった加倉井恵一。「辞任のひと月前に懇談していただいた。慈父《じふ》の姿でした。『どんな立場になられても、池田先生が本学の創立者である事実は変わらない』と強く思いました」。

〝その日〟の記憶。まとまったかたちで記録している地域の一つが、四国である。〈私の人生で一番つらく、苦しかったことは、池田先生が会長を辞任されたことです〉（徳島、井上里子）。〈会館で打ち合わせしている時でした。一瞬、闇《やみ》に突き落とされた感じがした〉（香川、石井照美）。〈会館で合唱団の練習中でした。席を立った担当者が戻るなり、「先生が！」と言って泣き崩《くず》れました〉（愛媛〈当時〉、吉田容子）。〈職場でテレビを見ていた同僚から「池田会長のこと言ってるよ」と知らされた〉（徳島、前田道子）。〈車で国道56号線を走っていました。ラジオのニュースで「池田会長、勇退」と流れた〉（愛媛、清家皖章）。〈聖教新聞の配達員でした。翌朝、配達しながら、悔しくて泣きました〉（愛媛、渡部友子）。

その四国の地で、池田は一つの歌をつくった。青年たちとの共同作業だった。題名を「紅《くれない》の歌」という。

「なんとか行ってあげたい」。創価大学で「迫害と人生」の講演を終えた池田が、同行の学会本部職員に日程を調整できないか尋《たず》ねた。徳島で新しい会館が落成する。その記念の勤行会が、数日後に予定されていた。二カ月前の聖教新聞の記事。「(徳島講堂の落成を祝う)記念行事には、(池田)名誉会長をはじめ各部幹部の出席も予定されており……」(九月六日付)。ほとんど前例のない予告記事である。池田の並々ならぬ思い入れがあった。

会長辞任後の池田が自由に動けなかった一九八〇年(昭和五十五年)。四国の同志は大型客船「さんふらわあ7」に乗り、三度にわたって神奈川文化会館の池田のもとへ集った(第六章で詳述)。「まさか海から来るとは思わなかった」と池田を唸《うな》らせた行動力だった。しかも四国の同志の挑戦は、それだけではなかった。

「私たちは師匠の歴史を知らない」

八一年(同五十六年)四月、四国の男子部二〇〇〇人が東京戸田記念講堂で総会を行《おこな》った。「先生のおられる東京へ行こう――皆の思いが一致し、高知からも八〇〇人が参加しました」（菊池良夫、副会長）。

四国長だった久米誠一郎（参議）と四国青年部長の和田興亜《おきつぐ》（副会長）は連日、深夜まで語り合った。知らない間に、師弟の距離が離れてしまってはいけない……池田の国内での動向が、聖教新聞にほとんど載《の》らなかった時期である。「写真が五枚、十枚でもいい。池田先生の歴史をたどる展示をやろう。私たちは、師匠のことを知らなすぎる」。新たな目標が定まった。

香川県の学生部長だった高橋浩之（香川総県総合長）。「毎日、聖教新聞の縮刷版《しゅくさつばん》や聖教グラフ、写真集を見て、池田先生と世界の指導者の交流を調べました。膨大《ぼうだい》な歴史でした」。

香川・庵治《あじ》町の四国研修道場。展示には三六四畳の大広間を使った。二五四点の写真パネル、約四〇〇の物品が並んだ。そこにはソ連元首相コスイギンの娘リュドミーラから池田に贈られた花瓶《かびん》もあった。十月三日、「池田SGI会長の平和行動」展が開幕。全国初の試みである。連日、人が押し寄せた。案内役だった婦人部員たちは口を揃《そろ》えて「足とあごが痛くなった」と笑う。見学者のために歩き回り、池田の歴史を語り続けたからだ。

「とにかく素晴らしいの一言でした。池田名誉会長の世界平和への業績が手にとるようによく理解できました」（阪根義雄、四国新聞社代表取締役専務）などの声も残っている。

十一月三日の閉幕まで、来館者は六万一〇〇〇人を超えた。展示に触《ふ》れた学会員のなかに、池田の指導を求める機運も高まっていった。

◇

時間をこじあけて、池田は関西経由での四国入りを決めた。伊丹空港を発《た》った東亜《とうあ》国内航空七一三便が徳島空港に着いたのは、十一月九日の午後三時前だった。

落成したばかりの徳島講堂。勤行会が行われていた。〝池田先生は来られないのだろうか〟――皆の顔に不安がよぎる。理事長の森田一哉が話し終わった。後ろの扉が開いた。そこには池田の姿があった。大歓声が巻き起こり、中央突破《ちゆうおうとつぱ》で入場した。

勤行を終え、御観念文に移った。「池田先生が打つ鈴《りん》の音が静かに、長く響くなか、会場のあちこちから、すすり泣きが聞こえました」（竹村俊資、四国主事）。苦しみを越えた涙でもあった。四国もまた、宗門の僧の横暴《おうぼう》に苦しめられた土地だった。

たとえば徳島講堂が立つ北島町。団地とレンコン畑に囲まれ、宗門の寺がある。住職は学会員の葬儀《そうぎ》で、あろうことか祭壇《さいだん》に安置する御本尊を忘れた。知人から「なっとらん。学会って何じゃ」と馬鹿にされた。のちにその住職は寺の前の道路沿いに掲《けい》示板《じばん》を立て、学会批判のビラを貼《は》った。麦わら帽子で頭を隠し、団地にも配った。「学会の寺、どないなっとんで」。近隣からも呆《あき》れられた。檀徒《だんと》はスピーカー付きの車で町中を走り、中傷を繰り返した。

「学会は間違っている。これを見ろ」。佐藤輝子（県副婦人部長）は、自宅を訪れた僧が週刊誌を突き出したことを覚えている。「夫と祖父が『坊主《ぼうず》が御書（日蓮の遺文《いぶん》集《しゅう》）も持たずに、週刊誌を持ってくるとは何事じゃ、出直してこい！』と一喝《いっかつ》しました」。

「僧俗和合《そうぞくわごう》」ではなかったのか。ここまで寺に邪魔《じゃま》をされ、苦しめられるのか。「喜びにも題目、悲しみにも題目、戦いにも題目、いっさいの人生の活動の源泉《げんせん》は題目」。かつて池田から贈られた指針を胸に、祈り、耐えた。

仏を迎えるように

「どんなことがあっても、今日は一目でも一足でも、徳島に入って約束を果たしたかった」。九日夜の勤行会で池田は語っている。さらに十三日まで、徳島講堂と四国研修道場で行われた四県全《すべ》ての勤行会に出席。全ての会合で「御本尊と自分の関係が根本である」と強調した。

十日、香川・庵治町の四国研修道場へ。三年ぶりの訪問である。

三年前の一九七八年（昭和五十三年）一月。池田は同研修道場を初訪問。夕刻だった。車から降りて道場に入る時、上空で見事な流れ星が輝いた。

〈流星に 顕本《けんぽん》見えたり 庵治研修〉

その時、池田が詠《よ》んだ句である。

「発迹顕本《ほっしゃくけんぽん》」という仏法用語がある。「迹《しゃく》（＝仮の姿）」から「本（＝本来の姿）」を顕《あらわ》す、という意味だ。日蓮が無実の罪により、竜《たつ》の口の刑場で斬首《ざんしゅ》されかけた時、空に「光り物」が飛び、処刑《しょけい》を免《まぬか》れた――これが、日蓮が「仏」としての本地《ほんち》を顕した「発迹顕本」の時とされる。

七〇〇年前の宗祖の闘争に思いを馳《は》せた句。額装《がくそう》して、道場の一角に掲《かか》げた。しかし、宗門が「信徒《しんと》の分際《ぶんざい》で『顕本』を使うとは生意気《なまいき》だ」と難癖《なんくせ》をつけた。「道場の宝である先生の句の額を外すことはできない――。憤《いきどお》りを覚えたが、『僧俗和合』を考え、断腸《だんちょう》の思いで額を倉庫に収めた。悔しかった」（牧田光蔵、四国参事）。その研修道場で、本格的な「反転攻勢《はんてんこうせい》」の火ぶたが切られようとしていた。

連日連夜の池田の激励。十一日夜、研修道場に集った四国各県の男子部のリーダーたちは、「我々の決意を込めた歌をつくろう」との思いで一つになった。「それぞれ好きな言葉を書き出しました。私は『青春の汗』と書いた」（岡本義人、副会長）。全員の思いの入った、納得のいくものをつくりたい――。「ほとんど徹夜で、ようやく形になったのは翌日の午後。夜には先生と青年部の懇談会《こんだんかい》が予定されていました」（伊与田圭介、高知副総県長）。

四国男子部が作詞に没頭《ぼっとう》していた十二日。「愛媛の日」記念勤行会で池田は語っている。「雷《かみなり》を全部受ける。学会員を皆、守る。これが私の方針です」「法が尊《とうと》い。学会員が尊い。これが私の信念です」。

「学会員が尊い」。この言葉の重みを、この日の会合前、久米誠一郎は痛感した。「池田先生の執務室に向かった時のことでした」。

「失礼します」。返事がない。履《は》き物はある。再度「失礼します!」。やはり返事がない。「報告しないといけないことがあり、静かに部屋に入りました」。

池田はベランダに出ていた。外に向かって合掌《がっしょう》し、小声で題目を口《くち》にしていた。「先生の視線の先には、会合に参加するため遠方《えんぽう》からバスでやってきた、大勢の学会員の姿がありました。まるで仏を迎えるように祈っておられた」。

ああ、邪魔をしてはいけない。久米は後ずさりした。

「一行目が勝負だ」

男子部の歌は、懇談会の直前に完成した。徹夜明けで目を真っ赤にした彼らの思いを和田興亜が、池田に申し出た。

〈その可愛い大切な四国の青年たちは、未来への眼差《まなざ》しを輝かせながら、「黎明《れいめい》の歌」と題する歌詞の案を見せてくれた。……そこには、師弟の呼吸があった。その真剣な心が、私は涙が出るほど嬉《うれ》しかった〉（二〇〇五年＝平成十七年四月二十八日付「聖教新聞」）

一番から三番まで、十八行の原案。第一声は「いい言葉を寄せ集めた感じだな」。図星《ずぼし》だった。「『出だしが大事だ。一行目が勝負だ。目の前に太陽や月がぱっと広がるようでないといけない』と言われました」（和田）。

「少し直してもいいかな？」。池田は皆の了承《りょうしょう》を得て、冒頭の「ああ黎明の」という歌詞を「ああ紅の」と書き換えた。メロディーも口ずさんだ。「とったね？」。採譜《さいふ》できたかどうか、作曲の菅沼知彦（副支部長）に確かめた。

二日間にわたる、休みない推敲《すいこう》が始まった。

遠来の同志のための炊き出しなど、陰で奮闘した婦人部役員らとの記念撮影に臨む（1981年11月、香川・四国研修道場）
©Seikyo Shimbun

一夜明けた十三日。高知の代表との勤行会を終えた池田は、移動の車中でも推敲を続けた。研修道場で行われた鯉《こい》の放流式の直後も、池のほとりに立って考え続けている。風呂場でも青年たちと語り合った。

菅沼は新しい曲を作った。「テープのA面には軽やかな曲調で、B面には重厚《じゅうこう》な曲調で録音しました」。A面を聞いた池田は「いい曲だ」。B面を聞き終えると「こっちの方がもっといい」。曲は完成した。「今はメロディーに歌詞が負けているな」。

「先生は熱があるご様子でした」。研修道場の館長だった牧田光蔵は回想する。「冷えたハンドタオルで首やおでこを冷やしておられた」。

十四日、四国婦人会館に足を運んでも歌詞を練《ね》った。「青年部との検討に没頭《ぼっとう》されていました」（中野寿美子、高知総県婦人部総主事）。「推敲中の歌詞を、皆で歌いました」（加藤文子。当時、香川県婦人部長）。「婦人会館での作詞の合間、先生は『老《お》いたる母の築きたる……』と口ずさんでおられました」（荻野繁子。当時、同書記長）。

男子部は歌詞が新しくなるたび録音を重ねた。池田もそのテープを聴いた。「録音した矢先に先生から次の直しが届くこともあった」（佐藤登、四国副書記長）。「『どうだ？』『これでどうだ？』と何度も確認してくださった」（大西政広、副会長）。推敲の回数は二十二回とも、二十四回とも伝えられている。

「よし、これでいこう」。池田が納得したのは十四日の夜である。「今後十年間、この歌を歌い続けて勝とう」。

一、ああ紅の　朝明けて
　　魁《さきがけ》光りぬ　丈夫《ますらお》は
　　ああ暁鐘《ぎょうしょう》を　打て鳴らせ
　　驕《おご》れる波浪《はろう》よ　なにかせむ

邪悪《じゃあく》の徒には　栄《さか》えなし
地涌《じゆ》の正義に　民衆《たみ》の旗

二、
毀誉褒貶《きよほうへん》の　人降《くだ》し
輝く王道　この坂を
父《ふ》の許《もと》集いし　吾らあり
子《きみ》よ大樹《たいじゅ》と　仰《あお》ぎ見む
ああ青春の　金の汗
誓いの青藍《せいらん》　虹かかれ

三、
老いたる母の　築きたる
広布の城をいざ　護《まも》り抜け
眩《まばゆ》き地平に　澎湃《ほうはい》と
若き翼よ　爽《さわ》やかに
万葉の詩《うた》　ともどもに
舞《ま》いに舞い征《ゆ》け　世紀まで

「初めて『紅』と聞き、ああ、苦しんだ暗闇《くらやみ》から夜明《よあ》けが来たと感じました」（溝口閑子、四国婦人部総主事）。「昼夜《ちゅうや》を分かたぬ二日にわたる先生の推敲で、歴史に残る学会歌が生まれたのです」（松下博文、四国長）。

「私が弟子を仰《あお》ぎ見るのだ」

作詞の最中に語った池田の肉声《にくせい》。同席者たちの証言を集めた。

一番――「『ああ紅の　朝明けて』。太陽のごとき青年が、広布《こうふ》の檜舞台《ひのきぶたい》に躍り出るんだ」。「『魁《さきがけ》光りぬ　丈夫《ますらお》は』。男子部は先駆たれ。一人ひとりの戦いが〝光る〟ことが大事だよ」。

「『ああ暁鐘を　打て鳴らせ』。朝一番の鐘《かね》を〝さあいくぞ！〟と打て。鳴らせ。眠っている人の魂を揺り動かすんだ。目を覚ませと叫ぶんだ」

「『驕《おご》れる波浪《はろう》よ　なにかせむ／邪悪《じゃあく》の徒には　栄えなし』。ここが大事だ。いかなる烈風《れっぷう》が吹き荒れようとも、前へ前へ正攻法《せいこうほう》で進む。悪が栄えないとは限らない。現実に悪は栄える場合もある。だからこそ勝負を決していくしかない」。「『地涌《じゆ》の正義に民衆《たみ》の旗』。生涯、民衆の側に立て。民衆とともに歩め。この学会の伝統を忘れるな」。

二番――「『毀誉褒貶《きよほうへん》の　人降《くだ》し』。世間の風評に右顧左眄《うこさべん》する人生ではいけない」。

「『輝く王道　この坂を』。我々は覇道《はどう》ではなく、王道だ」。

「『父《ふ》の許《もと》集いし　吾らあり／子《きみ》よ大樹《たいじゅ》と　仰《あお》ぎ見む』。『大樹』はいい言葉だね。師匠は弟子の成長をじっと見ているんだ」

「『成長した弟子を、私が仰ぎ見るという意味なんだ』と先生はおっしゃった。その慈愛の深さに驚きました」（近藤言人、副四国長）

「『ああ青春の　金の汗』。労苦は買ってでも求めよ。信心の思い出に勝《まさ》る財産はないよ」。「『誓いの青藍《せいらん》　虹かかれ』。ここには未来部（小・中学、高校生のメンバー）も含んでいる。皆で勝利の人生を歩もう」。

三番――「『老いたる母の　築きたる／広布の城をいざ　護《まも》り抜け』。今日の創価学会は、君たちのお父さんやお母さんが、世間の非難中傷を受けながら、必死に築いてきた」。

「『眩《まばゆ》き地平に　澎湃《ほうはい》と／若き翼よ　爽《さわ》やかに』。澎湃は、水が漲《みなぎ》って波打つ様子だ。地平線の彼方から太陽が昇るように、潮が満《み》ちてくるように、青年が我《われ》も我もと集い来ることだ」

『万葉の詩《うた》　ともどもに』。日本中の指導者から庶民まで歌をつくって万葉集《まんようしゅう》ができた。今こそ人間讃歌《さんか》の時代を開くんだ」。「『舞《ま》いに舞い征《ゆ》け　世紀まで』。日蓮大聖人は〝菩薩《ぼさつ》たちが舞いを舞う〟と説かれている。この境涯《きょうがい》で勝つんだ」。

聖教新聞の記者だった浜田清孝は、「老いたる母の築きたる」という歌詞を聞いた時の感動は忘れられないと語る。同じく安部博司も、「高知の奥まった山間部で、まさに地を這《は》うような思いで弘教《ぐきょう》に歩いてきた婦人部の方々の姿が、あの一言に歌い込まれています」。

「苦労に苦労を重ねてきた母たちの奮闘を池田先生が讃えてくださっているようで、今も歌うたびに涙が出ます」（松下ゆり、四国婦人部長）

完成した詞を読んだ妻の香峯子。「あなたの言いたいことが全部、この歌に入っていますね」と語った。十一月十五日。高松空港を出発する前に、池田は伝言を託《たく》している。

「『老いたる母の』。これは母になっているが、父も母も入っている。みんな含まれているんだよ」

四国男子部長だった高橋慎吾（副会長）は、「先生は『とりわけ三番が大事だよ』と念を押されました」と振り返る。

◇

「紅の歌」が初めて男子部の会合で発表されたのは福島である（十一月二十二日、全国男子部幹部会）。「心の闇が一気に晴れた気分になった」と福島県の男子部長だった田部弘志は語る。

「会長辞任から二年半。『再び先生が立ち上がられた』と強烈に感じました」。そして「福島の人は皆、『紅の歌』は福島の歌でもあると誇《ほこ》りに思っていますよ」と付け加えた。

万葉の詩《うた》

池田が紡《つむ》ぎ出した詩《し》に、多くの学会員が人生を重ね合わせてきた。

「おふくろは『紅の歌』が大好きでした」。木村修三（副会長）。「紅の歌」の誕生に携《たずさ》わった一人だ。

一九五五年（昭和三十年）、修三が八歳の時、母のシナが学会に入った。設計事務所を経営する砂雄と結婚した。五人の子宝にも恵まれた。だがある日、砂雄が「一旗《ひとはた》揚《あ》げる」と言い残し上京してしまった。そのうち仕送りも絶えた。ローンが払えなくなり、家も土地も失った。一家は離散《りさん》した。

やがて東京の砂雄が、脳梗塞《のうこうそく》で倒れた。働けなくなり、言語障がいを抱《かか》え、香川に戻ってきた。

中学生の修三は父の砂雄を無視し続けた。「男として最低だと軽蔑《けいべつ》していた。女房と子どもに借金を返させる、父のような人間にだけはなりたくないと思った」。

貧しかった。毎日のようにシナのもとに通ってくれる婦人部の先輩がいた。「いらしていたおふくろが変わった。貧乏でも、親戚からいじめられても、『今度はあの人の所《ところ》に行こう』と明るく弘教に歩くようになった」。経机《きょうづくえ》に飾った池田の写真が微笑《ほほえ》んでいる。父の砂雄もシナと一緒に聖教新聞を配達するようになった。

香川大学時代、苦労続きの母を少しでも喜ばせたいと思い、学会活動に励むようになった。後輩から相談を受ける機会が増えた。「妹が事故で死んだ」「親が離婚《りこん》した」。皆、人知れぬ悩みを抱えていた。いつしか父へのわだかまりが消えていた。「いま大学で学び、信心に励めるのも、父が病に倒れ、仕事ができなくなったからだ」。そう思えるようになった。大学四年の夏、生まれて初めて父と晩酌《ばんしゃく》した。コップにビールを注ぐと、砂雄は無言で涙を流した。

◇

アメリカ芸術部と四国の友が集った本部幹部会で、同志に喝采を送る
（2006年10月、八王子市の東京牧口記念会館）　©Seikyo Shimbun

その後、父の砂雄が亡くなり、シナも晩年は入院生活を送った。病床《びょうしょう》でいつも御書を読んでいた。一九九八年（平成十年）八月、穏やかに逝《い》った。段ボール箱に入った遺品《いひん》を整理した。何冊もの手帳があった。開くと、池田の折々の指導が書き留《と》められていた。「ご飯食べとんな？」「あんたは池田先生のために働く身だからね」。母の声が聞こえた気がした。「至《いた》る所に尊敬すべき〝老いたる母〟〝老いたる父〟がおられる。『万葉の詩《うた》』という歌詞そのままに、何百万の家族と池田先生の歴史があります」（木村修三）。

「学会の強さの理由は組織力ではない。一対一の師弟のつながりです。この肝《かん》

心要《じんかなめ》がわからないと、学会の真実は見えません」（松下博文）

◇

「紅の歌」が完成する三日前（十一月十一日）、池田は高松市内に建設中の新四国文化会館（当時）を視察。門の整理役員だった男子部員の千足一人《ちあしかずんど》を激励している。「仕事、何してるの？」。「紙の販売です」。池田は、千足が語る家族の話に耳を傾けた。

――千足が六歳のころ、両親が離婚《りこん》した。母一人、子三人の貧しい生活だった。中学時代は登校拒否に。卒業後、ケーキ職人の道に進んだ。生活苦のため一家で学会に入ったが、活動をする気にはなれなかった。

そんな千足のもとに、足繁《しげ》く通う男子部の先輩がいた。「千足君、俺を信じて、ひとつ一緒にやってみんか。君の前途を開いてみたいんや」。それ以来、座談会に参加し、徐々に活動に取り組むようになっていった。三年後、製紙《せいし》会社の高松支社で、中卒唯一の営業課長に抜擢《ばってき》された。その後も千足は、行方知れずのままの父親の居場所を捜《さが》し続けた――。

妻のますみ（支部副婦人部長）。生前の千足を語る。「幼い日に離れた父に会いたいと思い続けていたようです。しかし、池田先生から励まされたあの日以来、夫は父親を捜すのをやめました」。

「両親や仕事のことを親身に聞いてくださった池田先生のことを、『師』であるともに『父』であると感じていたのかもしれません。あの時に生まれた『紅の歌』にある、『父の滸《ふ》集《もと》いし吾らあり』の一言を、夫は大切に歌っていました」

◇

「『老いたる母の築きたる』の一節に『父』を加えて、『父母』としたいがどうだろうか」。池田がそう提案したのは二〇〇五年（平成十七年）。時を超えた推敲だった。今、「紅の歌」の三番は「老いたる父母の築きたる」と歌われている。

二一年（令和三年）十一月、「紅の歌」は誕生から四十周年を迎えた。

◆小説『人間革命』『新・人間革命』とのおもな関連

（各巻の概要は創価学会公式サイトなどから）

■第１章　「言論問題」の暴風を越えて

・『新・人間革命』第14巻（「烈風」）

1969年（昭和44年）、折から浮上した〝言論・出版問題〟に事寄せ、国会まで巻き込んで学会と公明党への攻撃が沸騰。その背景には、大躍進を続ける学会、そして公明党に危機感を抱いた、既成の宗教勢力と政治勢力が結託し、迫害の構図が作られていた。

・『新・人間革命』第22巻（「新世紀」）

1975年（昭和50年）、文学界の巨匠・井上靖との往復書簡が「四季の雁書」として月刊誌「潮」に連載開始。69年の「言論問題」の際に井上は、理事長を務める日本文芸家協会で一部の作家が創価学会に抗議声明を出すべきだと声を上げたことに対して、明確に反対した。

■第２章　二年の休載――「第一次宗門事件」
■第３章　報道されなかった〝獅子のドラマ〟
■第４章　師に捧ぐ――十二巻の完結
■第５章　真実の同志とともに――昭和五十四年、立川
■第６章　今、再び創立する時――昭和五十四年、神奈川
■第７章　ニューヨーク、「迫害と人生」、「紅の歌」

・『新・人間革命』第27巻（「正義」）

学会は、本格的な世界広宣流布の時を迎え、日蓮仏法の本義に立ち返った教学の深化を図り、万人の平等を説く仏法の法理を、広く社会に展開してきた。しかし、宗門の若手僧らは、それを謗法だと言って非難。山本伸一は、仏子である会員を守ろうと、宗門と対話を重ねる。

・『新・人間革命』第30巻［上］（「大山」「雌伏」「雄飛」）

山本伸一は、1979年（昭和54年）、若手僧らによる学会への非難中傷が続くなか、一副会長の宗門に対する軽率な発言が格好の攻撃材料となり、責任追及の矛先が会長の伸一に向けられる。彼は一切の責任を負って総講頭を辞任し、さらに、世界広布の新しい流れを開くために会長の辞任を決断する。

80年（同55年）1月、四国の同志約800人が、大型客船「さんふらわあ7」号を貸し切り、伸一が待つ神奈川文化会館にやって来る。

4月、創価学会第5次訪中団として伸一は北京を訪問。帰国の途に就いた伸一は、そのまま九州の長崎に向かい、ここから反転攻勢の大空へと雄飛していく。長崎、福岡と諸会合に出席し、

同志の輪の中に飛び込み、5月3日を関西で迎えた。

・『新・人間革命』第30巻［下］（「暁鐘」〈後半〉、「勝ち鬨」）

1981年（昭和56年）6月16日、山本伸一の平和旅は、フランスからアメリカへ。

ニューヨークでは、メンバーと徹底して会い、地涌の使命に生きる創価学会の確信と誇りを語る。20日、青春時代からの座右の書『草の葉』の著者ホイットマンの生家を訪ね、生涯、人々に励ましと希望と勇気を送る詩を書き続けようと決意する。この日、ニューヨーク市内での日米親善交歓会の席上、伸一がアメリカに到着後、寸暇を惜しんで作った詩「我が愛するアメリカの地涌の若人に贈る」が発表される。詩には、妙法を護持したアメリカの青年たちの使命が示されていた。

宗門事件で苦しめられてきた地域を回り、同志の奮闘をたたえようと、11月9日、徳島講堂落成記念勤行会へ。四国研修道場での「香川の日」記念幹部会では「もう一度、指揮を執らせていただきます！」と宣言。四国男子部の要請を受け、新愛唱歌に筆を入れる。推敲は二十数回にも及び、完成した「紅の歌」は、青年の魂の歌として全国で歌われていくことになる。

第一章〜第四章　『民衆こそ王者Ⅰ』
第五章〜第七章　『民衆こそ王者Ⅱ』

文庫化にあたり、修正・加筆しました（一部、敬称を略しました）。

文中の年齢、肩書き等は連載時のものです。また、引用文中のルビは編集部によるものです。

『日蓮大聖人御書全集　新版』のページは（新○○ページ）、従来の御書のページは（御書○○ページ）と表記します。御書の本文は新版に合わせます。

USHIO
WIDE BUNKO
006

『民衆こそ王者』に学ぶ
迫害と人生

二〇二二年十月二日　初版発行
二〇二四年七月十七日　四刷発行

著　者　「池田大作とその時代」編纂委員会
発行者　前田直彦
発行所　株式会社　潮出版社
〒102-8110
東京都千代田区一番町6　一番町SQUARE
電話／03-3230-0781（編集部）
03-3230-0741（営業部）
振替／00150-5-61090
印刷・製本　中央精版印刷株式会社

ISBN978-4-267-02366-8 C0195

[http://www.usio.co.jp]